Sa valise de cuir à la main
où il venait d'accomplir les derni
secrétaire qui l'avait accompagné
avait déjà commencé à refermer la
écarta le battant, prononça :

        Cela devait être un rite quand quelqu'un s       lait.
Avec lui le fonctionnaire avait failli né pas oser.

        Il y avait trois marches de pierre large et cirées
comme le parvis des vieilles églises. Des marches identiques,
        conduisai                              ecteur.
                                        matiné

( Le chien Jaune )

Hôtel de l'Amiral | Quai de l'Aiguillon.

M. Gloaguen  marchand de vins.

Le Docteur – Ernest Michoux.

M. Le Pommeret – Ivoa–cours Danemark.

m Servières – "Le Phare de Brest . ."

Emma Prémillon .

vendredi
7 novembre

Mostaguen.

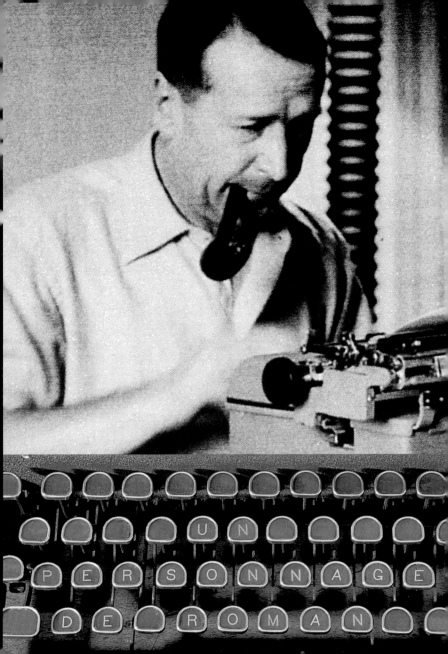

son client, à qui elle parlait comme une eau coule. Cela faisait

garder ~~le vieux monsieur à qui elle devait parler. C'était~~ sans

fâchée de

~~ute deux~~ la partition. Elle tricotait. De la laine ~~violette s'~~ rouge glissait entre

~~chappait~~ de ses doigts.

La chienne blanche courbait l'échine sous le poids du gros

laissait pendre

le qui ~~sortait~~ une ~~grande~~ langue mouillée.

Et alors, quand tout fut en place, quand la perfection de ce

degré

tin-là atteignit une ~~perfection~~ presque effrayant, le vieux

nsieur mourut, sans rien dire, sans une plainte, sans une contor-

on, en regardant ses images, en écoutant la voix de la marchande

toujours

i coulait ~~comme de l'eau~~, le pépillement des moineaux, les claxons

persés des taxis.

Il dut mourir debout, un coude sur le rebord de pierre, et ~~tous~~

pas

n'y eut ~~même pas~~ d'étonnement dans ses yeux bleus. Il oscilla

~~la femme lui parlait toujours sans le voir~~ et tomba sur le

ttoir, en entraînant le carton dont les images s'éparpillèrent

tour de lui.

Le chien mâle n'eut pas peur, ~~et~~ ne s'arrêta pas. La femme

rouge rouler de son giron,

ssa ~~tomber~~ sa pelote de laine ~~violette~~ et se leva précipitamment

s'écriant:

– M. Bouvet!

Il y avait d'autres bouquinistes, sur des pliants, et d'autres

core qui arrangeaient les livres dans leur boîte, car il n'était

e dix heures et demie du matin. On voyait l'heure, deux aiguilles

res, sur le cadran blanc de l'horloge, au milieu du pont.

– M. Hamelin! ~~~~ Venez vite! ~~~~

C'était le bouquiniste voisin, ~~à~~ aux grosses moustaches, vêtu d'

e blouse grise. L'étudiant au Leica avait braqué son appareil

E

r le vieux monsieur couché parmi les images d'Épinal.

M. Hamelin.

– Je n'ose pas le toucher, ~~Vous ne voulez pas voir si...

MARS

*s. Benoît* **Vendredi 21**

8

9

10

11 c'est [illegible] - Gilbert Ganne

Eclair journal

12

Déjeuner Labarthe - Constellation (ici)

13

Strassova - contrats allemands

14

45 - S. Douay

15 Gachon - Canada

Courtier - 30 journaux anglais

16 P. S.

17

(si possible Cocktail Artistes

18 Guillot de Saix)

52 [illegible] - Champs-Élysées [illegible]

19

centre Pista. 2e étage - Paris vous parle

20 15 ou 18 1er rang [illegible] 1er angle av Montaigne

A. Bernheim (ici)

21

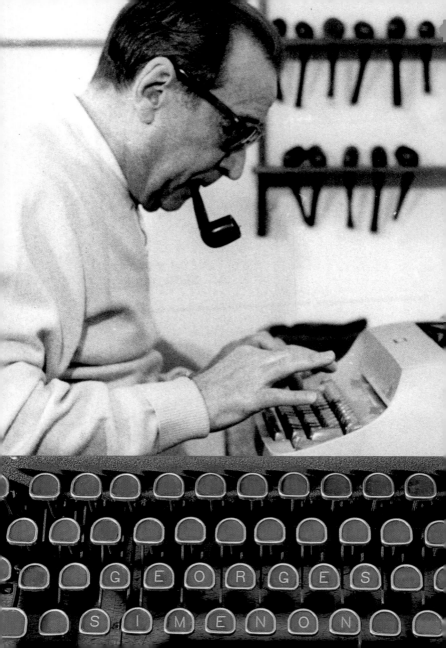

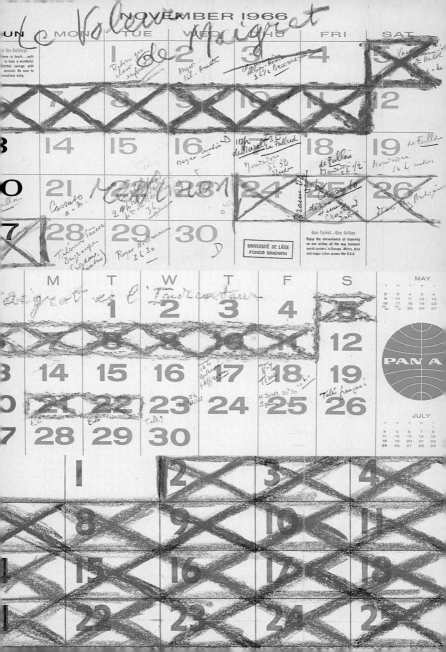

# SOMMAIRE

**Ouverture**
« Un personnage de roman, c'est n'importe qui dans la rue. »

12
**Chapitre 1**
BALBUTIEMENTS
« À seize ans j'annonçais en traversant le pont des Arches une nuit de brouillard :
à quarante ans je serai ministre ou académicien [...]. Et depuis l'âge
de dix-huit ans, je sais que je veux être un jour un romancier complet. »

22
**Chapitre 2**
APPRENTISSAGE
« D'abord le métier. Gâcher du plâtre. Je me suis donné dix ans pour cela.
[...] Et tandis que dans mes romans populaires [...] je m'ingéniais à apprendre
ici le dialogue, là tel raccourci, là tel genre d'action... je me promettais
que la seconde étape serait d'apprendre à vivre. »

46
**Chapitre 3**
RÉUSSITE
« À trente ans je décidais : – Je vais écrire pour vivre, pour apprendre la vie,
des romans semi-littéraires et j'écrirai mon premier vrai roman à quarante ans.
J'en ai trente-six aujourd'hui. Je suis un tout petit peu en avance [...]. »

70
**Chapitre 4**
CÉLÉBRITÉ
« Il me semble pour la première fois de ma vie, que j'ai des années devant moi.
Je voudrais vivre vieux et alors, alors seulement, j'ai l'impression
que je dirai ce que j'ai à dire, si cela en vaut la peine. »

104
**Chapitre 5**
RETRAITE
« Un homme comme un autre. »

113
**Témoignages et documents**

# SIMENON
## ÉCRIRE L'HOMME

Michel Lemoine

DÉCOUVERTES GALLIMARD
LITTÉRATURES

Issu d'une famille modeste, Georges Simenon est né rue Léopold, à Liège, où il passe son enfance et son adolescence à l'aube du XXᵉ siècle. Mettant fin très tôt à ses études, il devient journaliste à la locale *Gazette de Liége* et s'y fait la main en écrivant des centaines d'articles. Manifestement doué pour l'écriture, il ne tarde pas à risquer quelques timides tentatives littéraires.

**CHAPITRE 1**

# BALBUTIEMENTS

**❝**J'avais l'impression de connaître, grâce à mon métier, les dessous de cette ville [à gauche, la rue Léopold] dont je parcourais les coins et les recoins [...]. Sans compter les petits secrets que je découvrais à la *Gazette de Liége* sur [...] les « magouilles », c'est-à-dire toutes les petites combinaisons que le public ignore.**❞**
Simenon, *Destinées*

## Le jour de la Saint-Désiré

La naissance de Georges Simenon le place sous le
signe de l'ambiguïté : on ne saura jamais, en effet, s'il

La chapellerie du
grand-père paternel du
petit Georges (ci-dessous
au centre, avec ses

ACTE DE NAISSANCE *de Georges Joseph*

*né__ à Liège, le*  *douze de ce mois*, *à __*

est né le 12 ou le 13 février 1903 ; le vendredi 13, dit-
on, mais la mère, superstitieuse, aurait insisté pour
que cette date fût officiellement modifiée. Ce qui est
certain, c'est que l'événement a eu lieu au deuxième
étage de la maison qui porte aujourd'hui le n° 24 de
la rue Léopold, une artère commerçante du centre
de Liège où Désiré et Henriette Simenon s'étaient
installés peu après s'être mariés en avril 1902.

parents et son frère,
Christian) était
le rendez-vous familial
du dimanche (à gauche).
Elle symbolisait aux
yeux du romancier la
stabilité des Simenon
face au désir de
changement, voire au
déséquilibre des Brüll.

On était plus catégorique pour désigner la date
de conception de l'enfant : le 8 mai 1902, jour de
la Saint-Désiré ! À lire ceci, on pourrait se croire dans
une famille de joyeux drilles un peu égrillards. Pas
du tout : il s'agit de catholiques pratiquants et « il n'y
a que mon père qui ose sourire en effleurant ce
sujet », confiera plus tard le romancier. Ce père est
comptable dans un bureau d'assurances et Henriette,
née Brüll, a été vendeuse au grand magasin de
l'Innovation avant son mariage. Si tous deux sont
natifs de Liège, leur ascendance laisse apparaître des
origines limbourgeoise, hollandaise et allemande.
La famille ne s'éternise pas rue Léopold, qu'elle

La généalogie confirme
cet avis : du côté
paternel, on cultivait
la terre ; du côté Brüll,
on était plutôt dans
le commerce, mais
la famille avait connu
des revers de fortune ;
sans compter que le
quintaïeul de Simenon,
Gabriel Brüll, qui vivait
au XVIIIe siècle, était
un bandit de grand
chemin et fut exécuté
à ce titre, sans doute
par pendaison.

quitte en juillet 1903 pour le n° 10 de la voisine rue de Gueldre, où elle demeure presque deux ans avant d'occuper en avril 1905 le deuxième étage du n° 1 de la rue Pasteur (aujourd'hui 25, rue Georges-Simenon),

Devenu adulte, Simenon a souvent dénoncé l'hypocrisie et l'élitisme constatés dans son enfance à l'institut Saint-André des Écoles chrétiennes : « Je me souviens presque avec haine, confiera-t-il en

dans la partie petite-bourgeoise du populaire quartier d'Outremeuse. Là se trouvent les vraies racines de Simenon qui accueille avec délices, dès son jeune âge, le monde des sensations. Les jeux avec ses premiers amis, Arminio Mohr et Albert Emmerlin, les visites à l'Exposition universelle de 1905, véritable pays du rêve, chez le grand-père Simenon, chapelier rue Puits-en-Sock, chez les oncles et tantes, rompent la monotonie feutrée des jours. Le petit Georges observe tout, ignorant qu'il orne sa mémoire d'une galerie de portraits dans laquelle il puisera souvent…

Son frère Christian naît le 21 septembre 1906, tandis que lui affronte déjà le monde scolaire : il passe les années 1906-1907 et 1907-1908 à l'école gardienne des Sœurs de Notre-Dame, rue Jean-d'Outremeuse, où une sœur Adonie lui apprend à lire, puis, de 1908 à 1914, il effectue ses études primaires à l'institut Saint-André.

Entre-temps, la famille déménage en février 1911 vers le n° 53, rue de la Loi, juste en face de l'école. Là, Henriette sous-loue des chambres à des étudiants, venus parfois d'Europe centrale ou orientale, qui troublent la sérénité familiale, selon les reproches adressés plus tard à la mère par son fils. Le futur écrivain doit-il à certains de ces étudiants d'avoir découvert la littérature russe, comme il l'a souvent déclaré ? On imagine mal, en effet, un enfant de huit

1967, de son éducation, de ses idées sociales. » Cette photographie, où il apparaît en qualité de tambour-major dans un spectacle « engagé » monté par l'école, provoquera en outre sa colère envers les « Petits Frères qui se servaient de nous comme de pantins et nous déguisaient en soldats et en policiers. Pourquoi pas en curés aussi ? » (*Jour et nuit*)

à onze ans lisant Dostoïevski, Gogol ou Tchekhov ; ces lectures ont plutôt exalté l'adolescence de Simenon, qui se souciait sans doute davantage alors de son état d'enfant de chœur.

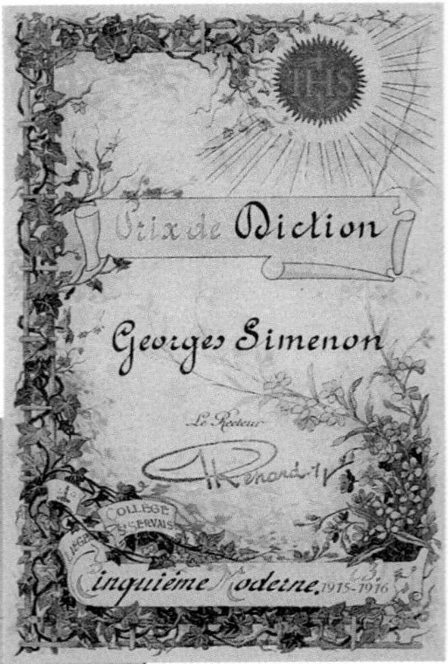

### Au nom des femmes

1914 : la guerre éclate et avec elle commencent quatre ans d'occupation et de privations. Rue de la Loi, les étudiants sont remplacés par des militaires allemands, alors que Simenon entre en sixième latine au collège Saint-Louis. Là, il subit une crise de mysticisme, tandis que ses résultats ne répondent pas aux espérances qu'autorisaient ses études antérieures. Est-ce le motif pour lequel il fréquente en 1915 la cinquième moderne au collège Saint-Servais ? L'intéressé en livre une autre raison : ayant été déniaisé durant les vacances par une fille de quinze ans, il a changé de collège pour être plus près de chez elle ou de son école – selon les versions – et on n'enseignait pas le latin à Saint-Servais (ce qui est faux). Quoi qu'il en soit, cette aventure sans lendemain sera déterminante pour lui : « La Vierge Marie allait être remplacée dans mon esprit par les femmes, par toutes les femmes, par *la* femme. » La perte de la foi a donc suivi son chemin en même

Étudiante en médecine arrivant d'un faubourg d'Odessa, Frida Stavitskaïa fut la première pensionnaire accueillie par Henriette (ci-contre). Elle laissera un souvenir très vif à Simenon, qui l'introduira sous son nom dans deux romans populaires, *La Fiancée aux mains de glace*, où elle incarne une étudiante russe nihiliste, et *L'Inconnue*, où elle se mue en artiste peintre, puis dans *L'Outlaw*, roman « dur » où, devenue polonaise, elle dirige la terrible « bande des Polonais » qui terrorise les campagnes du Nord de la France. Selon le romancier, elle aurait reçu Trotski dans sa chambre de la rue de la Loi et fut plus tard commissaire du peuple à Odessa.

temps que la primauté accordée à la sexualité. C'est aussi le sens d'un aveu à Henri Guillemin : « Je voulais baiser et l'Église me racontait que j'allais me damner. Alors j'ai tout bazardé. » Les trois ans passés au nouveau collège achèvent de le précipiter hors d'un monde catholique désormais abhorré.

## Au nom du père

Trois ans ? En effet, tandis que la famille a quitté en février 1917 la rue de la Loi pour la rue des Maraîchers, n° 3 (aujourd'hui 1), de l'autre côté de

Après les vacances de 1915, c'en est bien fini de l'enfant sage et docile, de l'enfant de chœur, des bondieuseries et des émois mystiques. Un autre Simenon naît qui va rejeter ce qu'il a adoré et il est déjà loin, celui qui, au début de la Première Guerre mondiale, écrivait à sa tante religieuse ces lignes empreintes

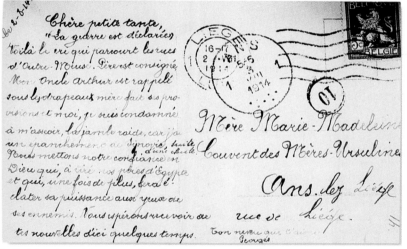

la Dérivation, Simenon abandonne ses études le 20 juin 1918. Bien plus sollicité par la rue, la ville et la vie que par le collège, peut-être tire-t-il parti, comme il l'a raconté, du fait que les jours de son père, atteint d'une angine de poitrine, sont comptés et qu'il doit gagner sa vie. Sa mère a avancé une autre explication : il aurait souffert des vexations infligées par une école qui lui aurait trop souvent rappelé sa condition d'élève bénéficiant du tarif de semi-gratuité. Son goût pour les études s'était de toute façon fort émoussé depuis l'école primaire.

C'est aussi l'époque où s'affirment les sentiments qu'il porte à ses parents : tandis qu'il focalise sur

d'une foi sans faille. Ce document constitue en outre la plus ancienne trace connue de l'écriture de Simenon.

❝Je vous devais la vérité : à l'origine, à la base, un NON catégorique opposé à la prétendue morale sexuelle du catholicisme.❞
Simenon à Henri Guillemin, *Parcours*

une mère mesquine, cupide et larmoyante ses révoltes juvéniles, il admire au contraire la simplicité, la modestie et l'humeur égale d'un père idéalisé. Ces sentiments marqueront l'œuvre, au point qu'Alain Bertrand a montré comment le roman simenonien s'est élaboré en fonction du rejet de l'univers symbolique maternel et de la quête de l'univers symbolique paternel.

## Monsieur le Coq et Georges Sim

Cherchant un emploi, Simenon est engagé comme journaliste en janvier 1919, à moins de seize ans, par la *Gazette de Liége*, journal catholique conservateur. Tandis que le jeune homme accède à l'écriture par le bas de l'échelle des chiens écrasés, la famille regagne en juin Outremeuse et le n° 27 (aujourd'hui 29) de la rue de l'Enseignement. Assoiffé de vie, Simenon peut s'offrir les plaisirs qui lui avaient manqué, faute d'argent, lorsqu'il étudiait : si les journées du journaliste sont remplies, ses soirées et ses nuits sont aussi fort occupées par l'alcool et les filles. N'empêche, il se voit confier le 30 novembre un billet quotidien, *Hors du poulailler*, d'abord signé

Chapeau mou et cigarette au bec… Le jeune Simenon peu avant son engagement à la *Gazette de Liége*.

# te de Liége

Monsieur le Coq, ce titre voulant montrer qu'il échappe à la « droite » ligne du journal.

La plume de ce Coq se plaît pourtant à des exercices personnels et la *Gazette* insère dans ses colonnes, dès 1919, l'un ou l'autre conte et un texte à l'allure surréaliste signés Georges Sim. D'autres contes sont publiés de la sorte en 1920, alors que le jeune auteur achève en septembre *Au Pont des Arches*, un roman qui se veut humoristique et se place sous l'autorité de Rabelais. Il paraît en 1921, signé Georges Sim et illustré par de jeunes peintres liégeois, dont Ernest Forgeur ou Luc Lafnet. À l'époque, Simenon fréquente en effet un groupe d'artistes baptisé la Caque.

### « Comme un chien de chasse »

Il rencontre dans ce milieu Régine Renchon, une étudiante de l'Académie des beaux-arts qui devient sa fiancée. Fiancée ? Le diable se ferait-il ermite ? Certes non : « À l'époque de la *Gazette de Liége*, écrira-t-il, donc de seize ans et demi à dix-neuf ans, j'avais deux femmes à ma disposition chaque jour, et pourtant, presque chaque jour, il m'arrivait à un moment ou l'autre d'être comme un chien de chasse. » Nul doute que Régine a été alors pour lui un garde-fou l'empêchant de se noyer dans un océan de tentations.

L'intrigue du premier roman de Simenon (ci-contre), écrit à dix-sept ans, se développe autour de deux personnages : le jeune Paul Planquet et son père, Joseph, « pharmacien à l'enseigne du Pont des Arches », spécialisé dans les pilules purgatives pour pigeons. Cette spécialisation étonne moins quand on sait que l'écrivain en herbe n'a rien inventé. La pharmacie qui donne son titre au roman a en effet existé jusqu'en 1966 au n° 13 de la rue Pied-du-Pont-des-Arches sous le nom de pharmacie Germain et son pignon s'ornait d'un panneau publicitaire vantant ses « produits pour pigeons, volaille, chiens, chats et tous animaux ». Quant à Paul, il ressemble par plus d'un trait à son créateur : le roman suit notamment l'évolution de sa liaison avec une Julia Piron qui transpose celle qu'entretenait Simenon avec une Sylvie probablement nommée Noirhomme. L'adolescent avait loué un appartement pour elle boulevard de la Constitution ou boulevard Saucy, ainsi que le fit son personnage : « Il se rabattit vers les rues calmes et cossues qui avoisinent l'hôpital… » (extrait du manuscrit d'*Au Pont des Arches*, page de gauche).

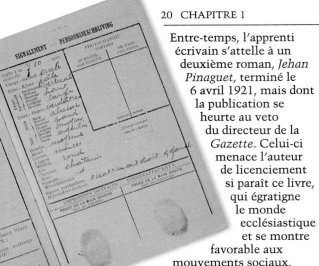

Entre-temps, l'apprenti écrivain s'attelle à un deuxième roman, *Jehan Pinaguet*, terminé le 6 avril 1921, mais dont la publication se heurte au veto du directeur de la *Gazette*. Celui-ci menace l'auteur de licenciement si paraît ce livre, qui égratigne le monde ecclésiastique et se montre favorable aux mouvements sociaux.

Simenon conservera son livret militaire (à gauche) malgré le pénible souvenir laissé par les chevaux de la caserne des Lanciers : « Certains de ces animaux étaient dociles, d'autres ruaient et cherchaient toujours à s'échapper, se souviendra-t-il dans *Point-Virgule*. Lorsque l'un d'eux y parvenait, il fallait entendre gueuler l'adjudant [...]. Je n'en veux pas particulièrement aux adjudants. Je n'en veux aux membres d'aucune profession. Je sais qu'il en faut. Et il doit exister des adjudants humains. Nous n'avons pas eu de chance. » Lors d'une longue permission du 14 au 22 août 1922, il court rejoindre sa fiancée qui passe des vacances au bord de la mer du Nord. Régine assurera le souvenir de ce moment de détente en peignant le portrait de son futur mari (ci-dessous).

### Un péché de jeunesse

Parmi les articles de 1921, on remarque, les 3 et 4 juin, deux papiers sur « La police scientifique », premiers témoignages d'un intérêt pour cette question chez le futur créateur de Maigret. On remarque davantage, du 19 juin au 13 octobre, une série de seize articles intitulée « Le péril juif ! », une attaque sectaire rompant avec l'habituel ton léger du journaliste. Ce faisant, Sim s'est inféodé à la ligne du journal ; bien que ces articles s'inscrivent dans une campagne antisémite internationale à laquelle la *Gazette* ne pouvait se soustraire, Simenon s'y est investi avec détermination, sinon avec conviction. Articles de commande, dira plus tard l'auteur pour se laver de ce péché de jeunesse commis à dix-huit ans. Il n'empêche que ces écrits existent, même s'il faut les replacer dans leur contexte. On peut encore observer dans la *Gazette* un article du 13 octobre où figure le « juge d'instruction Coméliau », que Simenon intégrera à plusieurs romans.

Le lendemain paraît le premier de ses articles sur « L'incurie administrative », où il s'attaque à

l'échevin libéral de la Culture. Par la polémique suscitée, ces articles rendent le petit Sim célèbre dans le Landerneau liégeois.

## Au service des chevaux

Georges n'oublie pourtant pas Régine : les 24 et 25 novembre, il écrit *Les Ridicules!*, une plaquette qui raille quatre de leurs amis peintres et dédiée « À ma Régine pour ses étrennes ». L'auteur se doute en effet qu'il ne verra plus souvent sa fiancée, puisqu'il va être appelé sous les drapeaux. Avant cela, un coup du sort s'abat sur lui : la mort de Désiré, survenue le 28 novembre, une date importante pour un fils fort attaché à son père. Le 5 décembre commence à Contich le service militaire de Simenon, qui est envoyé le 8 à la *Rote Kaserne* d'Aix-la-Chapelle, avant d'être transféré, le 2 janvier 1922, à la caserne des Lanciers de Liège. Là, le soldat est surtout au service... des chevaux, puisqu'il accomplit une tâche de palefrenier. Qu'importe ! Il retrouve au moins Gigi et poursuit sa collaboration à la *Gazette*. On ne sait quand il est admis au secrétariat de l'état-major, quai des

Installé dans un fauteuil d'osier – symbole de son statut de chef de famille, que l'on retrouvera dans des dizaines de fictions –, Désiré Simenon est absorbé par la lecture d'un journal, sans doute la *Gazette de Liège*. Dans ses écrits autobiographiques où il l'idéalise, son fils voit en lui un homme qui savoure la vie dans les moindres de ses manifestations et ne s'embarrasse pas de problèmes superflus, contrairement à sa mère ; sous des dehors frustes et simples, il cache un amour vrai pour les siens, qu'il n'extériorise pas de manière ostentatoire, mais qui se concrétise constamment dans ses actes quotidiens.

Pêcheurs, ce qui lui permet davantage l'habit civil et des nuits hors de la caserne. Si le militaire continue à alimenter la *Gazette*, il songe, en août, à un avenir au journal bruxellois *Le Peuple*, lorsqu'un ami de la famille établi à Paris, Georges Plumier, lui conseille de tenter sa chance dans la capitale française, où il lui trouvera un emploi. Simenon est fou de joie, mais doit bien finir son service. En attendant, il rédige notamment un conte bref, *Le Compotier tiède*, attachant adieu intimiste à sa mère qui paraîtra le 15 décembre dans *La Revue sincère*.

Dans le Paris des années 1920, le journaliste se mue en un romancier populaire qui alimente de sa production les collections des maisons d'édition spécialisées; en même temps, il inonde de contes légers les feuilles lestes et colorées de l'époque, mais fournit aussi à la presse des contes plus sérieux, nettement moins nombreux : tout en effectuant son apprentissage littéraire à travers un investissement paralittéraire, Simenon en arrive ainsi, très jeune, à s'assurer des revenus considérables.

**CHAPITRE 2**

# APPRENTISSAGE

Les romans sentimentaux du jeune Simenon sont essentiellement réservés aux éditions Ferenczi, qui accueillent dans leurs collections « Le Petit Livre… », « Mon Livre favori », « Le Livre épatant… » et « Le Petit Roman » ces fictions aux personnages le plus souvent stéréotypés, où l'amour triomphe généralement après avoir été en butte à de féroces ennemis.

À l'aube du 11 décembre 1922, Simenon arrive à Paris où l'accueille un autre écrivain liégeois émigré, Georges Ista, son aîné de près de trente ans. Il trouve une chambre minable à l'hôtel Bertha, 1, rue Darcet, puis se présente au n° 17 *ter* de l'avenue Beaucour, siège de la Ligue des chefs de section et des soldats combattants, une organisation extrémiste fondée par l'homme de lettres Binet-Valmer. Simenon trouve là le travail d'employé procuré par Plumier, mais il multiplie les démarches et les interviews, n'arrête pas d'écrire, collabore à l'occasion au *Journal* et au *Petit Parisien*. Le 13 janvier 1923, il s'installe dans une chambre meublée moins spartiate, au n° 170 du faubourg Saint-Honoré, puis déniche le 1er février deux pièces au n° 3 *ter* d'une impasse qui s'ouvre au 233 *bis* du faubourg et ne s'appelle pas encore villa Wagram-Saint-Honoré. C'est là qu'il conduit Régine le 25 mars après l'avoir épousée la veille à Liège.

### Vie de château

Après son mariage, Simenon écrit les articles de la série « Mes fiches », publiés dans *La Revue sincère*. Ces portraits d'écrivains (Max et Alex Fischer, Henri

Cette toile de Régine Simenon, son épouse, laisse apparaître le souci d'élégance du jeune auteur dont la réussite matérielle, due à un travail de forçat de l'écriture, est évidente dès la fin de 1924. Sim est bientôt connu, sinon dans le monde littéraire, du moins dans celui de la presse. En témoigne ce courrier émanant de *Paris-Matinal*, le journal que se préparait à lancer Eugène Merle.

PARIS = MATINAL

UTILISEZ LA POSTE
AÉRIENNE
RENSEIGNER DANS
LES BUREAUX DE POSTE

21 Place des Vosges Paris

DIRECTION
RÉDACTION
1, Rue Mondétour
Paris (1er Arrondt)

Duvernois, Claude Farrère, Paul Fort, Léon Daudet, Robert de Flers, Maurice Barrès et Tristan Bernard) résultent d'interviews. Changement de décor durant l'été : un ami de la Ligue, le marquis Raymond de Tracy, cherche un secrétaire ; Binet-Valmer lui propose son employé Sim, qui voudrait gagner quelques francs de plus… Celui-ci suit donc l'aristocrate qui possède un château à Tracy, entre Sancerre et Pouilly, et un autre à Paray-le-Frésil, à une vingtaine de kilomètres de Moulins. Ces séjours parmi la noblesse marquent l'écrivain qui n'oubliera pas ce monde dans ses romans populaires ou autres et fera même de Maigret un enfant de Paray-le-Frésil, devenu Saint-Fiacre dans la fiction.

Si Georges ne cesse d'écrire, Régine (autoportrait à gauche et caricaturée par Del ci-dessous) continue à peindre, comme elle le fera toute sa vie durant, non sans talent, et son mari ne se fait pas prier pour aller sélectionner ses modèles féminins à Montparnasse ou dans les dancings et bars miteux des rues de Lappe et de la Roquette. En décembre 1924, Simenon devant accomplir une période d'un mois de rappel militaire en Belgique, Régine en profite pour présenter à Liège une exposition de ses toiles, mais le thème choisi des « Filles publiques » scandalise peu ou prou le… public de la Cité dite Ardente.

Pour autant, Simenon n'arrête pas d'écrire. Il glisse des articles dans *Paris-Centre*, le journal nivernais de son employeur qu'il accompagne parfois dans son hôtel du n° 7 de la rue Creuse. Il travaille assidûment à un roman, *Marie Ledru*, dont il attend beaucoup, mais dont on ne sait rien, sinon son refus par Colette chez Ferenczi. Il écrit surtout des contes pour les feuilles galantes où publie Ista, contes qu'il produira bientôt à un rythme prodigieux et qui lui assureront un ordinaire plus décent. Il y a pourtant moins léger, puisque Georges Sim parvient à pénétrer dès 1923 dans la rubrique des contes du *Matin*, dont la responsable est Colette.

## Des contes et des romans par dizaines...

En mars 1924, Simenon quitte son emploi et regagne la capitale où le couple réside à l'hôtel Beauséjour, 42, rue des Dames, avant de louer un studio au rez-de-chaussée du 21, place des Vosges. C'est que l'écrivain s'est mis à travailler d'arrache-pied : pour cette seule année sont publiés environ deux cent trente contes légers, tandis que la collaboration sérieuse au *Matin* se poursuit avec dix-huit contes et que *Paris-Soir* en accepte trois autres. En 1924, Simenon découvre aussi le filon rémunérateur des romans populaires. Le premier, livré aux éditions Ferenczi le 30 juin, s'intitule *Le Roman d'une dactylo* et a probablement été écrit au café appelé aujourd'hui Au Rêve, 89, rue Caulaincourt. Sont proposées aux éditeurs cette année-là sept autres de ces fictions que l'auteur semble écrire comme en se jouant. Jusqu'au début des années 1930, il en écrira plus de cent quatre-vingt-dix qui relèvent de trois registres : le roman léger humoristique, le roman sentimental et le roman d'aventures aux intrigues parfois un peu policières. Avec ces romans signés de pseudonymes (Georges Sim, Christian Brulls, Jean du Perry, Georges-Martin-Georges, Gom Gut, Luc Dorsan...), Simenon fait ses gammes et met fin à la période de vaches maigres, d'autant plus que les tableaux et les dessins de Régine, qu'il rebaptise Tigy, se vendent parfois aussi.

Tandis que les premiers romans grivois – qui se teintent volontiers d'un humour facile – sont publiés dans la « Collection Gauloise » de Prima, les romans d'aventures voient plutôt le jour chez Ferenczi ou Tallandier. Les contes galants, du genre d'*Un falzar chez la colonelle*, paraissent le plus souvent, signés de pseudonymes eux aussi, dans *Froufrou, Sans-Gêne, Le Sourire, Paris-Flirt, Mon Flirt, L'Humour, Le Rire, Gens qui rient* et *Le Merle rose*. Jusqu'en 1932, Simenon (à sa machine à écrire, page de droite) va ainsi « déverser » mille cent contes dans cette presse, quelque six cents d'entre eux étant livrés au seul *Froufrou*.

## ... et une vie nocturne

Simenon écrit en 1925 treize romans, dont un *Dolorosa* qui ne manque pas d'allure, vingt-cinq contes sérieux et plus ou moins deux cent cinquante contes galants. Prélude à des milliers d'autres, le premier article consacré à Simenon dans la presse parisienne est dû à Paul Reboux et paraît le 5 juin dans *Paris-Soir*. Ce travail acharné n'empêche pas une vie nocturne intense à Montparnasse où Georges et Tigy rencontrent des peintres qui, tel Vlaminck, deviennent des amis. Le couple s'offre en été des vacances à Bénouville, village proche d'Étretat et de Fécamp, et en ramène une cuisinière de dix-huit ans, Henriette Liberge, qui sera surnommée Boule et restera sa vie durant au service de la famille Simenon, cette « servante-maîtresse » ayant été la compagne du romancier presque tout au long de son existence.

En octobre est créée au Théâtre des Champs-Élysées la Revue nègre, où triomphe Joséphine Baker. La liaison du romancier avec elle commence-t-elle alors ? Rien ne permet de l'affirmer. À la fin de l'hiver, cette vie épuisante a raison de la santé de Simenon.

❝ Sa production ? Soixante contes de cinquante à deux cents lignes et trois romans de trois mille lignes par mois. ❞
Paul Reboux,
*Paris-Soir*, 5 juin 1925

JUIN
MARDI. Sainte Marine.   169—197

Porté *Rire !*  Une bonne petite
    La voyante
    Les Cacahuètes

Porté *Humour* : Un vilain monsieur
    La nuit blanche de Bécassotte
    Une bonne fortune —
    La Salière —
    La Négresse
    Mes Homéopathe .

Porté *Paris-Flirt*
    La pêcheuse de la Mitrou —
    Photos Galante —
    Les ardeurs de Mlle Réparatrice
    Court-Circuit —

⌐Touché *Humour*
    50 frs (3 contes)⌐

JUIN
MERCR. Saint Gervais. (P. Q.) 170—196

Paru *Froufrou*
    Idillic sur la Galante
    Bobette : VI
    Un véritable amour —
    La Tentatrice passionnée

⌐Touché *Sans Gêne* :
    120 francs⌐

⌐Touché *Jeux qui Rient*
    16 frs (l'assurance)⌐

Paru *Sourire*
    L'athlète ou l'orités

Paru *Paris Fleuri*
    Encore au bout de Félicité

Tandis que parutions et rentrées d'argent sont consciencieusement notées par Simenon dans un agenda (page de gauche), l'appartement loué en 1926 au deuxième étage du 21, place des Vosges, témoigne de l'aisance acquise en quatre ans. Régine fait assaut d'élégance et le couple reçoit avec faste ses amis subjugués par le bar installé dans l'appartement.

**«**Un logement, au second étage, [...] se trouva libre. Je n'hésitai pas à le louer. Il était composé surtout d'une très grande pièce, plus grande que celle du rez-de-chaussée [...]. C'était le temps des Arts décoratifs. Mes murs furent peints de jaune, de bleu, de vert, dans un style cubiste. J'avais commandé un bar peint dans le même style, dont le haut était couvert de verre dépoli que rendaient lumineux des lampes se trouvant au-dessus. Les tabourets, aux longs pieds jaune citron, étaient recouverts de cuir noir. Enfin des rayonnages dans un renfoncement du mur, contenaient un nombre impressionnant de bouteilles de toutes sortes, car la mode des cocktails battait son plein.**»**

*Destinées*

C'est pourquoi il débarque en avril 1926 à Porquerolles, île qui deviendra un haut lieu simenonien où l'écrivain reviendra durant les années 1930. Vivant dans deux pièces d'une ancienne écurie, à la pointe du Langoustier, le romancier est émerveillé par les paysages de l'île. À leur retour, en plus de leur studio, les Simenon louent un appartement au deuxième étage du 21, place des Vosges et fréquentent le cabaret de Joséphine Baker, au n° 40 de la rue Fontaine. Les ennuis de santé ne freinent pourtant pas la copie qui afflue en 1926 chez Ferenczi et Prima, mais aussi chez Tallandier : vingt romans, dont *Nox l'insaisissable*, premier récit policier de Simenon, sans compter quelque deux cent cinquante contes légers et trente-quatre contes sérieux.

À côté de recueils de contes légers, sans prétention, comme *Paris leste* (ci-dessous), paraît en 1926 *Nox l'insaisissable*, modestement publié sous le n° 2 de la nouvelle collection de Ferenczi, « Le Roman policier ». C'est la première tentative de Simenon dans ce domaine. Néanmoins, la lutte à laquelle se livrent le détective Anselme Torrès et

### Écrire dans une cage de verre !

Simenon n'écrit en 1927 « que » cinq contes sérieux, environ cent vingt contes galants et treize romans, dont trois « seulement » durant le deuxième semestre. Le recours à la biographie peut-il expliquer cette baisse de régime ? Le début de l'année est marqué par l'affaire de la cage de verre. Il s'agit d'une idée d'Eugène Merle, magnat de la presse qui veut lancer un journal, *Paris-Matin*, par une opération publicitaire : faire écrire par Georges Sim enfermé dans une cage de verre durant une semaine, et sous les yeux d'un public ébahi, « un roman dont le sujet, le titre et les personnages auront été désignés par un référendum ouvert préalablement et qui lui auront été communiqués par huissier au moment de son entrée dans le local à lui assigné », roman qui serait ensuite publié dans le journal. Tels sont les termes d'un contrat du 14 janvier, Simenon devant toucher au moins 100 000 francs (le projet d'affiche parle même de 300 000 francs) dans l'aventure dont l'annonce suscite un tollé général

le cambrioleur Nox n'apparaît que comme une très pâle préfiguration de la lutte entre Maigret, l'intuitif, et Radek, l'intellectuel, dans *La Tête d'un homme*, que Simenon écrira en 1931. Au demeurant, le détective n'est pas plus sympathique que le talentueux bandit émule d'Arsène Lupin.

**"PARIS-MATIN"**
le grand quotidien d'informations qui va paraître
prochainement vous présentera pour ses débuts

# UN EXPLOIT
# SENSATIONNEL
# ROMAN-RECORD

L'opération « cage de verre » prévue pour le lancement de *Paris-Matin* – le jeune Sim devait y écrire en public durant une semaine – en était loin dans son élaboration, comme le montre ce projet d'affiche, quand son idée fut abandonnée. Selon Simenon lui-même,

dans la presse qui pourfend ce trouble-fête pour lequel l'écriture se réduit à un exercice tout juste digne d'être exhibé dans les foires et les cirques.

C'en est fait : Simenon est un phénomène et le restera jusqu'à la fin de ses jours ; au lieu d'aider sa carrière, cette publicité nuira à sa crédibilité et lorsque, plus tard, il écrira les chefs-d'œuvre que l'on sait, il demeurera, pour certains de ses pairs, l'homme de la cage de verre…, même si le projet, finalement, n'a pas été exécuté. Pour Sim en tout cas, dans l'immédiat, l'opération n'est pas mauvaise, puisque le pactole est assuré, le contrat stipulant que l'argent dû restait dû, même si le projet capotait…

la prompte faillite du nouveau journal aurait fait échouer le projet. C'est peu plausible puisque *Paris-Matinal* – tel fut finalement le nom adopté, celui de *Paris-Matin* s'étant heurté à l'opposition du *Matin* – a tout de

même paru du 13 mai 1927 au 6 avril 1928… Il est sans doute plus vraisemblable de penser que Merle n'a pas poussé l'expérience à son terme face à l'hostilité dont avait fait preuve la gent littéraire, indignée.

# GEORGES SIM

avec lequel M. Eugène Merle, directeur de
**PARIS-MATIN**, n'a pas hésité, coupant court
aux pourparlers engagés avec d'autres journaux, à
signer un contrat dont le *fac-simile* ci-contre,
et dont les avantages ne représenteront, pour le
bénéficiaire, pas moins de

# 300.000 francs

## Non à « M. Baker »

Cette affaire prend place au milieu de la liaison entre Simenon et Joséphine Baker, vedette qui le fascine au point qu'il projette de créer une feuille consacrée à l'artiste, le *Joséphine Baker's Magazine*, dont la maquette est presque réalisée, lorsque... 1927 est décidément l'année des projets avortés : prévu pour mai, le magazine ne verra pas le jour. « J'étais devenu l'*ami* [...] de Joséphine Baker que j'aurais épousée si je ne m'étais refusé, inconnu que j'étais, de devenir M. Baker », écrira Simenon. N'aurait-il pas plutôt craint de tomber dans les rets de la passion, lui qui s'est toujours voulu maître de son destin et qui regrettera amèrement la passion éprouvée ultérieurement pour sa seconde épouse ? Toujours est-il qu'en mai les Simenon quittent Paris pour l'île d'Aix, où ils restent jusqu'en septembre, séduits par la région de La Rochelle où ils viendront habiter dans les années 1930. Simenon assurera plus tard qu'il fuyait alors Joséphine et l'emprise qu'elle avait sur lui.

La relation entre la chanteuse aux deux amours et le romancier a-t-elle pourtant été aussi importante que celui-ci le prétend ? « Je ne pense pas que leur liaison ait duré aussi longtemps qu'il le dit », assure Oscar Thisse, musicien qui fit partie de 1926 à 1928 du groupe animateur du cabaret de Joséphine et de ses nuits chaudes. En tout cas, concernant la production plus réduite durant le deuxième semestre de 1927, il ne semble pas qu'elle ait un rapport avec la liaison et sa rupture, mais bien avec l'affaire de la cage de verre : même si elle n'a pas été réalisée, celle-ci n'aurait-elle pas été assez lucrative pour permettre à Simenon un relâchement dans son labeur de forçat de l'écriture ?

**❝**C'est sans contredit la croupe la plus célèbre du monde, la plus désirée aussi. Une croupe tellement célèbre et tellement désirée qu'elle pourrait faire l'objet d'un culte, cependant que monterait vers elle

en volutes plus ou moins denses, l'encens de milliers de concupiscences.**❞**
Georges Sim, « Chez Joséphine Baker », *Le Merle rose*, 1er avril 1927

En haut et page de droite, maquettes du projet de magazine consacré à Joséphine Baker.

## Entre écriture et navigation

La machine à écrire se remet sérieusement en marche l'année suivante malgré une longue absence de Paris. Simenon part en effet explorer... la France par ses voies navigables à bord d'un canot à moteur baptisé *Ginette*. Il s'agit de gagner Lyon, descendre le Rhône, puis rentrer à Paris par Bordeaux et les canaux du Centre : six mois d'une navigation au cours de laquelle Simenon écrit chaque matin. De retour à Paris, le marin d'eau douce se

À l'île d'Aix, où Simenon, ici avec son chien danois Olaf, est venu se reposer de ses soirées parisiennes, l'écrivain découvre non seulement une région qu'il affectionnera toujours, mais il s'initie aussi à la navigation en mer à bord du cotre d'un marin-pêcheur du cru, Georges Dukas. Ce n'est pas sans importance pour sa vie future, puisque ici prend une orientation décisive son rêve de posséder un jour son propre bateau et de vivre sur l'eau, rêve qu'il concrétisera dès l'année suivante.

découvre des ambitions maritimes et fait construire à Fécamp, par le chantier Georges Argentin, un cotre capable d'affronter la mer.

L'hiver 1928-1929 le voit souvent sur les quais visqueux et malfamés de Fécamp où il suit de près la construction du bateau. Ces déplacements ne nuisent certes pas à la création, comme si l'auteur, pour écrire, avait besoin d'atmosphères et de paysages différents : Simenon rédige en 1928 la bagatelle de cinquante-trois romans, parmi lesquels *Les Cœurs perdus*, *En robe de mariée*, *La Femme qui tue*, *L'Amant sans nom*, *La Fiancée aux mains de glace*, *Marie-Mystère* et *La Femme 47*, romans marquants de cette production populaire. Ainsi, après *Chair de beauté*, rédigé en 1927,

Parmi les derniers romans populaires, certains se veulent manifestement plus ambitieux que ceux des débuts. Généralement, Simenon ne se contente plus d'une histoire sentimentale ou d'aventures, mais il y mêle les deux éléments et les pimente ici d'une intrigue policière, là d'un zeste

*Les lecteurs désireux de prendre part au Concours hebdomadaire devront répondre aux questions suivantes :*

1º **Qui a tué Bedoux ?**

2º **Comment, et pourquoi ?**

3º **Combien de solutions exactes parviendront-elles à "Détective" ?**

Simenon boucle en 1928, avec *La Femme qui tue*, *L'Amant sans nom* et *La Fiancée aux mains de glace*, son cycle Yves Jarry, cet aventurier proche d'Arsène Lupin devenant le premier personnage récurrent de l'œuvre si l'on oublie le juge Coméliau, apparu dès 1927 dans *Mademoiselle X...* On sait en outre qu'en décembre, le romancier a tenté de s'introduire chez Gallimard avec *Tonnerre de Brest*, première version de *La Femme en deuil*.

### Maigret en gestation

La construction de l'*Ostrogoth* terminée, Simenon entreprend en 1929 une croisière qui le conduit dans le nord des Pays-Bas et de l'Allemagne, notamment à

d'espionnage. Ainsi apparaît *La Femme 47* qui reste pourtant, avant tout, un roman sentimental. Toutefois, la présence dans l'intrigue d'un espion allemand surnommé Fritz-la-Taupe suffira à faire interdire l'ouvrage sous l'Occupation, le seul autre livre de Simenon à figurer sur la « Liste Otto » étant un autre roman populaire, *Deuxième bureau*.

# 3 MYSTÈRES

Delfzijl, où le cotre mouille le plus longtemps et où sont écrits plusieurs romans dont, probablement, *Train de nuit*, premier récit mettant en scène un commissaire Maigret. *L'Ostrogoth* passe ensuite à Stavoren une partie du rigoureux hiver 1929-1930. Le jeune écrivain n'est jamais plus inspiré qu'en voyage, puisque sa production de 1929 s'avère quantitativement presque aussi imposante que celle de 1928 : pas moins de quarante-neuf romans dont, parmi les meilleurs, *L'Homme à la cigarette*, *Deuxième bureau*, *Matricule 12*, *Le Château des Sables Rouges*, *Katia, acrobate*, *L'Homme de proie* et *L'Inconnue*.

Simenon s'introduit par la petite porte chez Gallimard en plaçant dans l'hebdomadaire *Détective*, dirigé par Georges Kessel, des enquêtes publiées sous la forme d'un jeu-concours : *Les Treize Mystères* et *Les Treize Énigmes*. L'inspecteur Sancette naît dans les nouvelles des *Exploits de Sancette* avant de prendre son envol romanesque dans *Captain S.O.S.*, puis de poursuivre sa carrière dans *Matricule 12* et *Le Château des Sables Rouges*.

Quand Sim envoie à Georges Kessel les premières intrigues policières qui prendront place dans les « trois fois *Treize* », le directeur de *Détective* exige qu'elles soient retravaillées, ce à quoi s'emploie le romancier.

LES 13 MYSTÈRES
PAR GEORGES SIMENON

Pour *Détective*, c'est un incontestable succès : les ventes s'envolent et des centaines de réponses affluent, ce qui justifie la création d'un jury (ci-contre) composé de Pierre Mac Orlan, Maurice Garçon, Henri Duvernois, Joseph Kessel et du Dr Henri Drouin (de haut en bas).

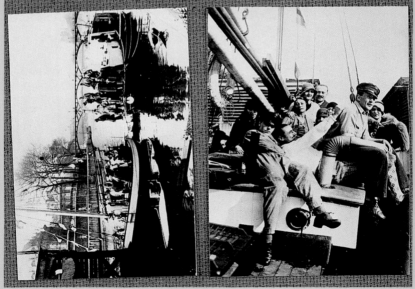

Le voyage français de 1928 à bord du *Ginette* – ici sur le Rhône (page de gauche, en haut) – n'est pour Simenon qu'un banc d'essai préparant la grande aventure, dès l'année suivante, de l'*Ostrogoth*, baptisé en grande pompe à Paris par le curé de Notre-Dame (page de gauche, en bas) avant de prendre son élan vers le Nord début avril 1929. « Nous ne sommes jamais allés au restaurant, nous avons tenu le point d'honneur de manger toujours la tambouille que nous faisions », a déclaré Tigy (au centre sur la photo ci-contre). Simenon, en tout cas, n'est jamais plus inspiré que lors de ces voyages puisqu'il rédige en 1928 et 1929 la bagatelle de cent deux romans, soit plus de la moitié de ses œuvres de jeunesse signées de pseudonymes (ci-contre en train d'écrire à bord de l'*Ostrogoth*). Sans doute n'a-t-il jamais autant écrit, toute sa carrière durant, que pendant ces deux années-là.

Durant l'été 1931, Simenon écrit à Morsang-sur-Seine quatre nouvelles destinées à la collection « Phototexte » du jeune éditeur Jacques Haumont : *L'Affaire des sept*, *La Folle d'Itteville* (projets de maquettes ci-contre), *Le Grand-Langoustier* et *L'Énigme de la « Marie-Galante »*. Il s'agissait d'une collection policière illustrée par des photos de Germaine Krull (page de droite, avec Simenon), sorte d'ancêtre du roman-photo. Seule *La Folle d'Itteville*, dont les photos ont été réalisées au château-hôtel de la Michaudière, a concrétisé ce projet ; les autres nouvelles seront publiées en volume par Gallimard en 1938 sous le titre *Les Sept Minutes*.

Quant à Maigret, c'est d'abord un nom désignant... un médecin de Saint-Macaire dans le modeste *Une ombre dans la nuit*, mais un commissaire Maigret apparaît aussi en 1929 : s'il appartient à la police de Marseille dans *Train de nuit*, il officie à Paris dès *La Figurante* et *La Femme rousse*. Deux futurs compagnons du Maigret canonique naissent également cette année-là : Torrence dans *Train de nuit*, *L'Inconnue*, *Matricule 12* et *La Femme rousse* ; Lucas dans *L'Inconnue* et *Matricule 12*. Enfin, bien que J. K. Charles, héros de *L'Homme à la cigarette*, ne soit pas un personnage récurrent, il ressemble fort à Yves Jarry.

Durant l'hiver, Georges et Tigy prennent à Hambourg un bateau qui les conduit jusqu'en Laponie, puis ils regagnent Stavoren où les attend l'*Ostrogoth* qui les ramène en France. Simenon trouve un endroit où amarrer son cotre au lieu-dit le Gouffre, entre Seine-Port et Morsang-sur-Seine. Il reste là longtemps, ne quittant ce coin de la vallée de la Seine, devenu un des hauts lieux simenoniens, qu'à l'automne pour gagner la Bretagne. Il s'établit pour l'hiver à Beuzec-Conq, dans une villa située au lieu-dit les Sables Blancs.

Signe des temps, le rythme de production se ralentit en 1930 : vingt-neuf romans populaires tout de même d'où émergent *La Maison de l'inquiétude*, *L'Homme qui tremble*, *La Maison de la haine*, *Les Errants*, *L'Épave*, *Fièvre*, *Les Forçats de Paris*,

Simenon a rédigé à Morsang et près de Morsang ses premiers « Maigret » et il lui arrive de faire venir le commissaire sur les lieux de sa naissance, tout en lui prêtant la tendresse qu'il a conservée pour ce lieu : « Cette nuit du samedi au dimanche, à Morsang, [et] la journée du dimanche, ce fut pour Maigret la quintessence de l'été, du bord de l'eau, de la facilité de vivre, de la joie simple et bon enfant » (*Signé Picpus*).

*La Fiancée du diable* et *L'Évasion*, sans compter
*Un crime à bord*, qui sera jugé digne, en 1932, d'être
publié sous le patronyme de Simenon, mais sous
le titre *Le Passager du « Polarlys »* !

## Naissance de Maigret

Georges Sim, lui, continue à alimenter *Détective*
de nouvelles policières, *Les Treize Coupables*, tandis
que Maigret apparaît à nouveau dans *La Maison de
l'inquiétude*, tout en étant cité dans *Les Forçats
de Paris* et *L'Évasion*; Torrence intervient dans
*La Maison de l'inquiétude*, *Les Amants du malheur*
et *Fièvre*; Lucas est présent dans *Fièvre*, *Les Forçats
de Paris*, *La Fiancée du diable* et *L'Évasion*, alors

**"**L'argent de
« Détective » allait
nous servir [...] à nous
précipiter vers l'océan
Glacial, non pas à bord
de l'*Ostrogoth* mais à
bord d'un gros bateau
sur le pont duquel on
embarquait aussi bien
des vaches que des
cochons ou des barils
de morue, [...] et qui
nous fit franchir le cap
Nord [...]. Pour arriver
là, notre étrave avait dû
tracer son sillon dans
la glace. Des traîneaux
tirés par des rennes
nous feraient parcourir
la Laponie, de tente en
peau de renne en tente
en peau de renne,
dans l'immensité
blanche, et nous étions
nous-mêmes vêtus
en Lapons, non pour
le pittoresque ou pour
la photo-souvenir,
mais parce que nous
n'aurions pas supporté
autrement des froids
de quarante-cinq degrés
sous zéro.**"**

Simenon, à propos de
son voyage en Laponie
[ci-dessus],
*Mémoires intimes*

# M. GALLET, DÉCÉDÉ

que Sancette mène à nouveau l'enquête dans *L'homme qui tremble* et *Les Amants du malheur*. Si la production populaire s'amenuise, c'est que le jeune auteur nourrit d'autres ambitions : avec les premiers romans de Maigret « officiels » rédigés cette année-là, *Pietr-le-Letton*, *Le Charretier de la « Providence »*, *M. Gallet, décédé* et *Le Pendu de Saint-Pholien*, Simenon s'élève d'un échelon et songe davantage à la littérature qu'à la paralittérature.

Avec ces « Maigret », au diable les clichés et les stéréotypes ! Simenon ancre ses personnages dans le réel et encre ses paysages d'atmosphère : dans *M. Gallet, décédé*, nous transpirons avec Maigret sous le soleil estival ; dans *Le Charretier de la « Providence »*, tout comme lui, nous dégoulinons de mouillé. En osmose avec les protagonistes, nous vivons leur univers, nous sentons avec eux leur environnement. En fait, le romancier décrit des milieux qu'il a expérimentés lui-même, des décors

Constituées de fiches anthropométriques et de citations à comparaître, les invitations au Bal anthropométrique, organisé par Fayard et Simenon pour lancer Maigret, ne sont pas ordinaires. L'événement non plus puisqu'il s'agit d'un bal costumé ayant pour thème le monde de la pègre (ci-dessus). Pendant que les invités se pressent en se livrant à diverses facéties, jusqu'au lendemain matin pour certains, Simenon dédicace des centaines d'exemplaires de *M. Gallet, décédé* et du *Pendu de Saint-Pholien*.

qu'il connaît et il les rend par un procédé d'éclatement qui s'apparente au pointillisme pictural. Il s'attache principalement, en ce départ, à la peinture de déclassés, de marginaux ou de gens de peu appartenant parfois à la petite bourgeoisie dont il est issu.

L'opération publicitaire est une réussite et les ventes suivent ; *Le Charretier de la « Providence »* paraît en mars, suivi en avril par *Le Chien jaune* et en mai par *Pietr-le-*

## Maigret au bal !...

Après quelques réticences, ces premiers romans de Maigret sont acceptés par Fayard, déjà éditeur de trente et un romans populaires de l'auteur. Le véritable Simenon – celui que le monde entier connaît – prend réellement son essor en 1931, avec le lancement des deux premiers romans de Maigret publiés par Fayard, *M. Gallet, décédé* et *Le Pendu de Saint-Pholien*, lors du Bal anthropométrique à La Boule blanche, un cabaret de la rue Vavin où se presse le Tout-Paris dans la nuit du 20 au 21 février. Des romans de Maigret, Simenon ne cesse plus d'en écrire. Quittant la Bretagne, il s'installe à l'hôtel Aiglon, 232, boulevard Raspail, où il rédige *La Tête d'un homme*, avant de passer mars et avril au château-hôtel de la Michaudière, à Guigneville-sur-Essonne, où il écrit *Le Chien jaune* et *La Nuit du carrefour*. Il retrouve ensuite sa chère vallée de la Seine où il amarre l'*Ostrogoth* à Morsang, près

*Letton.* Simenon et Maigret sont mis sur orbite. La critique, elle, est le plus souvent positive. Ainsi Odette Pannetier, dans son article sur le Bal anthropométrique, « M. Gallet, décédé, reçoit » (*Candide*, 26 février 1931), fait remarquer que les deux premiers romans de Maigret mis sur le marché auraient pu se passer de cette publicité tapageuse dont ils ont fait l'objet, tant ces livres sont « habilement mystérieux et singulièrement "prenants" ».

de l'auberge du Vieux-Garçon, pour y écrire *Un crime en Hollande* et *Au Rendez-Vous-des-Terre-Neuvas*. En été, il se rend à Deauville le 15 août pour une mémorable séance de dédicaces et rédige en chemin, à Paris, *Le Relais-d'Alsace*, un roman sans Maigret.

### ... et au cinéma !

Bientôt prend place le séjour à Ouistreham où, tout en fréquentant des pêcheurs, le romancier écrit en septembre *La Danseuse du Gai-Moulin* et en octobre *La Guinguette à deux sous*. Là, son ami Jean Renoir étant venu lui acheter, pour 50 000 francs, les droits

cinématographiques de *La Nuit du carrefour*, l'auteur entrevoit les bénéfices offerts par les adaptations au cinéma. Une page se tourne, marquée par la vente de l'*Ostrogoth* à Caen le 3 novembre. Simenon se dirige alors vers le sud et va passer l'hiver au cap d'Antibes, dans la villa Les Roches Grises appartenant à Henri Duvernois, où il compose *L'Ombre chinoise*, tout en travaillant avec Renoir à l'adaptation de *La Nuit du carrefour* puis bientôt, avec Jean Tarride, à celle du *Chien jaune*.

Les débuts de Simenon au cinéma – il a pris soin de faire stipuler dans le contrat avec Renoir que seuls le réalisateur et l'écrivain ont qualité pour choisir d'un commun accord les interprètes – sont donc prometteurs

Pour tourner le premier film adapté d'une œuvre de Simenon, Jean Renoir a confié le rôle de Maigret à son frère Pierre (page de droite, en bas). Selon la majorité des spécialistes, *La Nuit du carrefour* (page de droite, en haut) reste, soixante-dix ans plus tard, « le meilleur Maigret à l'écran, et Pierre Renoir un des Maigret les plus subtils. La fameuse atmosphère simenonienne, c'est Jean Renoir, et lui seul, qui a su en donner l'exacte équivalence plastique » (Claude Gauteur, *D'après Simenon*). L'écrivain, lui, malgré l'absence manifeste de certaines séquences « oubliées », était ravi par l'interprétation de ce premier Maigret : « Pierre Renoir [...] m'a fait rêver à mon personnage comme s'il ne sortait pas de ma propre imagination », confiera-t-il dans *Paris-Midi*, le 19 avril 1932.

puisqu'il collabore à l'adaptation de ses romans.
Il déchantera toutefois dès 1933 lorsque, voulant
lui-même porter à l'écran *La Tête d'un homme*, son
projet échouera pour tomber entre les mains de
Julien Duvivier, sans compter qu'il s'estimera
financièrement lésé par les producteurs. « *Le Chien
jaune* et *La Nuit du carrefour* sont des films ratés,
confie-t-il, amer, au journal *Pour Vous* en septembre
1932. Non par la faute de ceux qui les ont faits, mais
par la faute de ceux qui les ont payés. Ou mieux : par
la faute des règles et des imbéciles qui les ont
édictées. » Il décide alors de ne plus accorder de droits
cinématographiques et se tiendra à cette décision
jusqu'en 1937, n'y renonçant qu'en fonction de ses
besoins pécuniaires et des offres de plus en plus

Dans *Le Chien jaune*
(page de gauche),
de Jean Tarride,
le réalisateur a imposé
son père, Abel,
pour jouer le rôle
de Maigret : « Il était
plutôt destiné à faire
rire qu'à représenter
la Police Judiciaire »,
déclarera Simenon
dans *Point-Virgule*.

alléchantes qui lui seront proposées. Si
le « pouvoir d'atmosphère » du cinéma
a toujours fasciné Simenon, s'il est
devenu le romancier le plus adapté, un
malentendu profond subsistera entre
lui et le septième art, que l'essayiste
Michel Carly a résumé ainsi : « Dès
qu'un roman devient un film, l'écrivain
perçoit clairement que l'histoire ne lui
appartient plus. [...] Lui, le créateur
solitaire, individualiste [...] regarde
les entrepreneurs du cinéma comme
des marchands ignares. »

Reste que pour le romancier, une
époque s'achève avec l'année 1931,
en même temps qu'un apprentissage :
à moins de trente ans, le premier
Simenon a bel et bien vécu.

En 1932, Simenon (ci-contre à La Richardière) travaillera lui-même au scénario de son roman *La Tête d'un homme* avec Valéry Inkijinoff, qui tiendra dans le film, réalisé finalement par

Julien Duvivier, le rôle de Radek, le tueur « intelligent » opposé à un Maigret « qui ne pense pas ». Celui-ci est interprété, dans ce troisième roman de Simenon porté à l'écran, par Harry Baur (ci-dessus), « le meilleur des nombreux Maigret de l'écran », selon Raymond Chirat (*Premier Plan*, décembre 1968).

**"**Harry Baur était sans doute un grand acteur, mais il avait vingt bonnes années de plus que moi à cette époque, un faciès à la fois mou et tragique.**"**
Le commissaire Maigret,
in *Les Mémoires de Maigret*

Même si les romans de Maigret connaissent un vif succès grâce auquel le nom de l'écrivain est sur toutes les lèvres, Simenon décide dès 1932 d'abandonner ce type de récits, qu'il qualifie de semi-littéraires, pour affronter la « vraie littérature ». Dans ce domaine aussi, sa réussite est telle qu'à partir de 1934, il est édité par Gallimard tandis que, bientôt, Gide s'enthousiasme de son ton original, de son incontestable talent et d'une qualité aussi prolixe.

**CHAPITRE 3**

# RÉUSSITE

Dans la première moitié des années 1930, Simenon parcourt le monde pour le compte de journaux et revues dont il est l'envoyé spécial. De ces voyages, dont il rapportera des centaines de photos, naissent des reportages, entre autres pour *Paris-Soir* et *Voilà*, mais aussi des romans au cadre exotique, tel *Quartier nègre*.

Grâce à Maigret, Simenon est connu. Ses livres s'arrachent et c'est le début d'une carrière fulgurante, d'un succès étonnant. En fait, la formule du roman « policier » simenonien est déjà prête : le commissaire s'imbibe d'une atmosphère décrite de façon impressionniste et agit davantage par intuition que par déduction, rompant avec la tradition de l'enquêteur « scientifique ». Ces romans mettent l'accent sur l'absence de méthode de Maigret qui

tente de s'identifier à autrui et apporte sa sympathie aux plus démunis. Même s'ils restent des romans à énigme, on peut considérer que le romancier a créé un type romanesque nouveau.

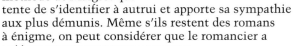

L'accession de Simenon à sa jeune maturité se marque par l'abandon de Paris et sa région comme lieux de résidence, ainsi que par une série de grands voyages. Après son séjour au cap d'Antibes où il écrit trois « Maigret », *L'Affaire Saint-Fiacre*, *Chez les Flamands* et *Le Port des brumes*, il gagne La Rochelle où, en mars 1932, il rédige *Le Fou de Bergerac* à l'hôtel de France, puis s'installe dans une gentilhommière toute proche, La Richardière, à Marsilly, où il commence aussitôt *Liberty-Bar*. Cet emménagement n'empêche pas le Simenon, l'été venu, d'effectuer en Afrique un voyage éclair qui les amène, via l'Égypte et le Soudan, à traverser le Congo belge.

### Des « romans durs »

De retour à Marsilly, l'écrivain compose coup sur coup trois romans importants, *Les Fiançailles de M. Hire*, *Le Coup de lune* et *L'Âne-Rouge*, qui se passent du support de Maigret, meneur de jeu considéré comme une facilité technique. Il nomme « romans durs » ces fictions que Maurice Piron a

Écrit pour *Voilà* au retour du voyage de 1932 en Afrique (ci-dessus), le reportage intitulé « L'Heure du nègre » contient, en dépit de son côté décousu engendrant certaines ambiguïtés, des prises de position anticolonialistes : « L'Afrique nous dit m... et c'est bien fait. »

appelées « romans de la destinée ». On y trouve généralement un héros aux prises avec un destin sur lequel il n'a justement pas de prise. Simenon y crée un autre « homme sans qualités », rappelant celui de Céline que Sartre a mis en exergue à *La Nausée* : « C'est un garçon sans importance collective, c'est tout juste un individu. » Le cadre spatial du *Coup de lune* est constitué par Libreville et la forêt équatoriale. Inspiré à Simenon par son voyage, le roman présente une vision impressionniste du paysage africain qui confine au rêve hallucinatoire, et il livre un réquisitoire contre les mœurs coloniales dont Gide a reconnu la prodigieuse exactitude. Avec *Le Coup de lune*, Simenon inaugure une série de romans « exotiques » caractérisés par l'absence de tout exotisme gratuit. Leurs héros restent des personnages typiquement simenoniens dont l'atmosphère locale ne fait qu'exacerber l'état de crise, que l'action se déroule à nouveau en Afrique (*Le Blanc à lunettes*, 1937), à Panamá (*Quartier nègre*, 1935 ; *L'Aîné des Ferchaux*, 1945), à Tahiti (*Long Cours*, 1936 ; *Touriste de bananes*, 1938 ; *Le Passager clandestin*, 1947) ou dans une île des Galápagos (*Ceux de la soif*, 1938).

En même temps, Simenon rédige à la hâte pour *Voilà* un reportage consacré à son périple africain,

À La Richardière, gentilhommière qu'il loue près de La Rochelle (ci-dessus), Simenon satisfait ses goûts pour la campagne : « Dans le grand étang qui recevait, à marée haute, sa ration d'eau de mer, barbotaient près de cinq cents canards disposant de maisonnettes peintes en vert sur un îlot. [...] Une cinquantaine de dindons blancs circulaient en paix, parmi les oies et les poules, et le dindon le plus grand, le plus massif, était surnommé Maigret, car il s'interposait avec autorité dès qu'un combat s'annonçait entre deux mâles. On aurait pu croire qu'il était chargé de la police de la basse-cour » (*Mémoires intimes*).

« L'heure du nègre ». 1932 est l'année où l'écrivain aurait pu obtenir le prix Renaudot. En effet, selon Lucien Descaves, les membres du jury tenaient pour acquis que le Goncourt irait au *Voyage au bout de la nuit* de Céline, mais son rejet par les Goncourt au profit des *Loups* de Mazeline força les jurés du Renaudot à offrir leurs lauriers à Céline plutôt qu'à Simenon, comme prévu.

### Simenon enquête

Après la rédaction de *La Maison du canal*, en janvier 1933, Simenon et sa femme entreprennent un autre voyage qui les conduit notamment en Europe orientale. Au retour, le reportage intitulé « Europe 33 » est publié dans *Voilà*, tandis qu'est écrit en avril un nouveau « Maigret », *L'Écluse N° 1*. Infatigables, Georges et Tigy repartent vers la Turquie où Simenon interviewe Trotski exilé, puis accomplit une croisière en mer Noire et découvre le littoral soviétique qui lui inspire, rentré à Marsilly, *Les Gens d'en face*. Avant la fin de l'année sont écrits *Le Haut Mal*, *L'Homme de Londres*, *Le Locataire* et *Les Suicidés*. Avec ces deux derniers romans, Simenon abandonne Fayard pour Gallimard, qui l'éditera plusieurs années durant. En effet, Gaston Gallimard apprécie les écrits de Simenon et souhaite posséder dans son écurie ce talentueux poulain auquel Fayard ne donne plus entière satisfaction. En outre, Simenon a déjà un pied dans la maison grâce à ses collaborations à *Détective* et à *Voilà*, dont le directeur, son ami Florent Fels, a tôt fait de l'introduire auprès de Gaston.

  1934 commence mal : à la demande de *Paris-Soir*, Simenon enquête – Maigret oblige ! –

Juin 1933 : à quoi Simenon doit-il la faveur d'être reçu par Trotski dans l'île turque de Prinkipo, « à une heure de Constantinople » ? Le prestige de *Paris-Soir* suffit-il à expliquer ce que le secrétaire de l'exilé russe ne comprend pas lui-même ? D'habitude, l'ancien commissaire du peuple « évite

les journalistes ». Seule restriction : les questions de l'envoyé spécial doivent être posées au préalable par écrit et Trotski y répondra de la même façon. Trop heureux de son scoop, Simenon obtempère et l'interview paraît dans *Paris-Soir* les 16 et 17 juin. « Je considère comme absolument inévitable une explosion guerrière du côté de l'Allemagne fasciste », y déclare entre autres le théoricien de la révolution permanente.

Chez Trotsky
La maison de Prinkipo

« HITLER S'EST FAIT LUI-MÊME, AU FUR ET À MESURE QU'IL FAISAIT SON ŒUVRE. IL A APPRIS, DEGRÉ PAR DEGRÉ, ÉTAPE PAR ÉTAPE AU COURS DE LA LUTTE… » nous déclare l'ancien leader de la Révolution russe

(De notre envoyé spécial Georges SIMENON)

sur l'affaire Stavisky et s'y ridiculise dans trois reportages. L'écrivain est davantage fait pour le roman : aussi, retrouvant avec joie Porquerolles où il loue la villa Les Robert, il y écrit *Maigret*, que lui a commandé *Le Jour*, mais il se jure que c'est le dernier roman à mettre en scène le commissaire ; à Porquerolles encore, il écrit en avril et mai *L'Évadé* et *Les Clients d'Avrenos*, un « roman turc ».

Le printemps incite au voyage : pourquoi pas un tour de la Méditerranée ? Le romancier s'assure les services de l'équipage d'un voilier, l'*Araldo*, qui le conduit à Gênes, à l'île d'Elbe où il écrit *45° à l'ombre*, en Sicile, à Malte, en Tunisie, en Sardaigne… Rentré à La Richardière, Simenon écrit un roman maritime, *Les Pitard*, qui subjugue la critique, puis parcourt à nouveau la France en vue d'un nouveau reportage, « Inventaire de la France, ou quand la crise sera finie » (*Le Jour*, octobre et novembre). Ce faisant, il en profite pour acheter à Seichebrières, dans la forêt d'Orléans, la propriété de Bois-Bezard, afin d'y construire la maison de ses rêves. En effet, La Richardière, qu'il voudrait acquérir, n'est pas à vendre.

Dans *Les Gens d'en face*, roman inspiré par ses récentes visites d'Odessa et de Batoum, Simenon se livre à une dénonciation en règle du régime soviétique stalinien (ci-contre, devant un parterre de fleurs à l'effigie de Lénine). L'ouvrage décrit un monde livré à la misère, à la famine, à la délation et à l'inertie administrative,

un monde où l'individu, écrasé par l'État, risque l'exécution sommaire s'il enfreint le mot d'ordre qui est de ne pas poser de question. Un tel témoignage, politiquement engagé contre le totalitarisme, est exceptionnel dans l'œuvre romanesque de Simenon : des ouvrages postérieurs comme *Maigret chez le ministre* (1955) ou *Le Président* (1958), qui dévoilent sans aménité les dessous du monde politique dans les régimes démocratiques et la corruption qui y règne, restent modérés à côté de celui-ci.

De ses nombreux voyages, l'écrivain ramène non seulement des reportages et de nouveaux cadres où situer ses fictions, mais aussi des centaines de photos qui témoignent de son intérêt pour la vie au quotidien, quelle que soit la région du globe traversée. Aux paysages, il préfère les visages : « Ma première préoccupation était de découvrir l'homme derrière le pittoresque qui le cachait. » (p. 52 : Tunisie ; p. 53 : Afrique ; p. 52-53 : Pologne). En rentrant de ses périples, il retrouve son havre de Porquerolles (ci-contre avec Tigy), où il se livre à la pêche (page de gauche) et organise des concours de boules (ci-dessus).

**❝** Si mes souvenirs, mes images, étaient des cartes postales, [...] c'est Porquerolles qui fournirait le plus de ces cartes postales. Pas seulement la promenade du matin [...] ; pas seulement le vin blanc à la terrasse de chez Maurice, pas seulement non plus mes interminables parties de boules avec les pêcheurs. Tout cela est un peu effacé dans ma mémoire alors que me restent avec une netteté extraordinaire les images de la mer, celles dont je ne me lassais pas. **❞**

*Un homme comme un autre*

## Autour du monde

Ce projet est pourtant ajourné car, en décembre,
*Paris-Soir* charge Simenon d'une enquête lointaine
sur un fait divers qui vient de se dérouler à Floreana,
une des îles Galápagos, et dont l'héroïne est
l'excentrique baronne de Wagner. Cela donne au
romancier et à Tigy l'occasion d'un tour du monde
en bateau qui les conduit d'abord à New York, à
Panamá, en Colombie et en Équateur. Le reporter ne

> **C'était parti d'un demi-florin… L'histoire du demi-florin s'était mariée à la rancœur d'une servante…**
>
> La rancœur de la servante avait rejoint le vague à l'âme d'un homme fatigué de tourner en rond… C'était tout! Personne ne le savait! Il était seul à connaître

L'ASSASSIN

semble pas s'être rendu aux Galápagos, mais avoir
trouvé à Guayaquil les éléments nécessaires à ses
articles sur « Le Drame mystérieux des îles Galápagos »
qui paraissent en février 1935 dans *Paris-Soir*.
Simenon aborde ensuite Tahiti, où il s'installe à
Punaauia dans la maison où avait vécu Murnau.
Là, il écrit *Ceux de la soif*, roman inspiré par les
aventures de la baronne de Wagner, et *Faubourg*,
où il mêle à son expérience du moment des
réminiscences liégeoises, avant de rentrer en France.

> ce cercle et à savoir pourquoi, chaque jour, à la même minute, il passait au même endroit. Car lui s'était évadé! Et il était revenu aussi vite que possible, effrayé par le vide.**
>
> *L'Assassin*

Ces lignes extraites du dernier chapitre caractérisent à merveille *L'Assassin*. Médecin à Sneek, Hans Kupérus tue par désir d'évasion, mais s'apercevant, le crime accompli, qu'il reste prisonnier de lui-même et confronté à un destin inéluctable. Simenon développera à nouveau ce thème dans *La Prison*.

## Vie mondaine

En attendant que commencent les travaux de Bois
Bezard, les Simenon occupent, à six kilomètres de là,
le château de la Cour-Dieu, près d'Ingrannes, où sont

écrits *Quartier nègre* et *Les Demoiselles de Concarneau*. Durant un été qui le voit souvent à Dieppe et à Paris, l'écrivain loue en outre un appartement à Neuilly, 7, boulevard Richard-Wallace, où il se met dès septembre à *Long Cours*. Il regagne ensuite la Cour-Dieu, mais que les pluies automnales sont tristes en forêt d'Orléans : les travaux de Bois-Bezard ne seront jamais entrepris... Après avoir donné à Paris une conférence sur « L'aventure » le 13 décembre, Simenon part

Simenon n'avait-t-il pas proclamé en 1934 qu'il mettait définitivement son commissaire à la retraite ? Dès lors, les lecteurs de *Paris-Soir Dimanche* n'ont sans doute pas manqué d'être étonnés, le 24 octobre 1936, en découvrant dans leur journal un Maigret en belle forme aux prises avec

# LE COMMISSAIRE MAIGRET REPREND DU SERVICE...

en vacances à Combloux, mais ne peut s'empêcher d'y écrire, à l'hôtel P.-L.-M., un de ses romans les plus « simenoniens », *L'Assassin*.

Séjour vacancier toujours, début 1936, à La Lézardière, villa d'Anthéor où est composé *Chemin sans issue*, en attendant que soit habitable une autre villa louée à Porquerolles, Les Tamaris. Là, Simenon écrit *Le Blanc à lunettes* et *Le Testament Donadieu*. Revenu à Neuilly en automne, le romancier livre à *Paris-Soir Dimanche* une série de neuf nouvelles qui remettent Maigret sur le métier : c'est la première partie des *Nouvelles Enquêtes de Maigret*. En décembre, retour vers les Alpes, dans le Tyrol cette fois, à la villa Sonnruh d'Igls où Simenon écrit *Les Rescapés du « Télémaque »*.

*L'Affaire du boulevard Beaumarchais*, un court récit publié sous forme de jeu-concours, comme les « trois fois *Treize* » de 1929-1930. Maigret reprend ainsi du service... pour assurer le train de vie de son créateur.

### « Les Trois Crimes de mes amis »

Le séjour à Igls est suivi d'un autre au Palace Hôtel de Saint-Moritz, après quoi se situe une importante rencontre avec le philosophe Keyserling à Darmstadt.

De retour à Neuilly, l'écrivain compose *Les Trois Crimes de mes amis*. Dès février 1937 pourtant, il regagne ses chers Tamaris où il écrit *Monsieur La Souris*, *L'homme qui regardait passer les trains* et *Touriste de bananes*. En août, durant un séjour dit de détente aux îles Borromées, *Cour d'assises* est rédigé à l'hôtel Verbano, dans l'île des Pêcheurs. La fin de l'année comporte d'autres séjours de « détente » puisque sont successivement écrits *Le Suspect* à Neuilly, *La Marie du Port* à l'hôtel de l'Europe de Port-en-Bessin,

## LA NUIT DU CARREFOUR

*La Maison des sept jeunes filles* à Neuilly et *Les Sœurs Lacroix* à l'hôtel de l'Étoile de Saint-Thibault, près de Sancerre.

Les « trois crimes de mes amis » ont été commis par des individus qui ont existé et que Simenon a connus durant sa jeunesse liégeoise. L'œuvre présente donc un aspect autobiographique, même si des libertés sont prises avec le réel.

Les premières pages, que Gide jugeait « étourdissantes », contiennent d'ailleurs de judicieuses remarques sur les rapports entre la fiction et la réalité. À la question de savoir pourquoi ses « amis » ont tué et non lui, dont on retrouve dans les romans « les décors, les atmosphères, les états d'âme » qui mènent au crime, Simenon ne répond pas, mais

Dirigé par les frères Offenstadt, *Police-Magazine* republie en feuilletons, dès 1937 et 1938, des romans déjà anciens de Simenon : *La Guinguette à deux sous*, *La Nuit du carrefour* et *Le Passager du « Polarlys »*. À partir de 1938, leur nouveau magazine, *Police-Film*, qui deviendra *Police-Roman*, accueille les nouvelles écrites par Simenon cette année-là, à savoir la suite des *Nouvelles Enquêtes de Maigret*, les récits qui constituent *Le Petit Docteur*, *Les Dossiers de l'Agence O* et les *Nouvelles exotiques*.

laisse entendre que la période frustrante de l'Occupation les a poussés, après la guerre, à rechercher « des exaltations naturelles ou artificielles », et que l'atmosphère malsaine et veule de l'époque n'est pas étrangère aux méfaits commis par ses « amis ».

## « Comprendre et ne pas juger »

*Cour d'assises* a pour sujet une erreur judiciaire condamnant un innocent à vingt ans de travaux forcés. Simenon met la justice en accusation dans ce texte dépouillé où le héros est écrasé par cette « machine monstrueuse, une sorte d'immense machine à broyer ». L'aspect imparfait de la justice est mis en évidence dans plusieurs autres romans de Simenon parmi lesquels figurent, entre autres, *La Tête d'un homme* (1931), où un condamné innocent sauve sa tête grâce à Maigret, *Les Témoins* (1955), où un juge se rend compte que lui aussi pourrait être condamné sur la foi de témoignages peu probants, et *Maigret aux assises* (1960), où le commissaire témoigne en faveur d'un inculpé que tout accuse. C'est le moment de rappeler la devise de Simenon : « Comprendre et ne pas juger ».

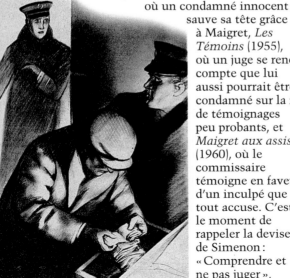

Quand il vit à Nieul-sur-Mer de 1938 à 1940, Simenon s'intègre d'autant plus facilement à la société rochelaise qu'il a déjà vécu dans des environs de La Rochelle quand il occupait La Richardière (ci-dessus, sur le port, en 1938). Pourtant, s'il fréquente la haute bourgeoisie de la ville essentiellement constituée par les armateurs locaux, il préfère aller prendre l'apéritif au café de la Paix de la place d'Armes, tenu par ses amis Caspescha et plus conforme à ses goûts. Il peint d'ailleurs fort sombrement le monde des armateurs et des notables de la ville dans deux longs romans, *Le Testament Donadieu* et *Le Voyageur de la Toussaint*. En 1982, Simenon déclarera au journal *Sud-Ouest Dimanche* (14 février) : « C'est la ville dont j'ai été le plus amoureux. »

P.S. Je lis à l'instant l'article de Thérive. Heureux certes de voir qu'il vous apprécie et ose dire (enfin !) "Quel grand romancier, ce Simenon ! " Bravo ! Mais également fort amusé de constater que nous n'apprécions pas en vous, Thérive et moi, les mêmes choses. Oh ! pas du tout...Et félicitez-vous de présenter diverses faces à la louange. Ceux-là sont vraiment forts, au sujet desquels les admirateurs ne s'entendent pas très bien entre eux. Mais je voudrais sa-

Interpellé par l'intolérance des partis extrémistes d'alors et la violence qu'elle engendre, Simenon crée avec Lucien Descaves le mouvement « Sans Haine », qui se traduit par le port d'un insigne : si la presse en fait état au début de 1938, il ne sera guère suivi d'effets… Retour aux Tamaris où Simenon rédige en mars dix nouvelles complétant la série des *Nouvelles Enquêtes de Maigret*, puis un roman attachant, *Le Cheval-Blanc*. Lors d'un séjour en avril à l'hôtel Bonnet de Beynac, il écrit *Le Coup-de-Vague*. Quant à Neuilly, l'écrivain commence à se lasser de la vie mondaine qu'il y mène.

D ans ses premières lettres à Simenon (ci-dessus en date du 6 janvier 1939), André Gide ne tarit pas d'éloges envers son cadet qui, peut-être sous « l'effet naturel d'une intuition subite », écrit des romans « d'une réussite parfaite ».

### À Nieul-sur-Mer, le retour de Maigret

Se mettant en quête d'un nouveau logis qu'il veut proche de la mer, Simenon trouve à Nieul-sur-Mer, près de La Rochelle, une ancienne maison du XVIIe siècle qu'il se décide à acheter. En attendant l'aménagement de cette demeure, il vit à La Rochelle, rue Jeanne-d'Albret, dans la villa Agnès, où il compose ses six *Nouvelles exotiques*, les treize qui forment *Le Petit Docteur*, les quatorze que comptent *Les Dossiers de l'Agence O*, puis, en juillet, un roman âpre, *Chez Krull*. Après quoi, le voici installé, avec Tigy et Boule, dans cette maison qu'il croit être celle où ils vieilliront ; il y écrit aussitôt *Les Inconnus dans la maison*, *Le Bourgmestre de Furnes* et *L'Outlaw*.

Marc, premier fils de l'écrivain, naît à Uccle,

dans la banlieue de Bruxelles, le 19 avril 1939, après un détour de ses parents par le château de Scharrachbergheim, près de Strasbourg, où est écrit *Malempin*. Cela ne freine pas le rythme de Simenon qui, rentré à Nieul, écrit de septembre à décembre *Bergelon, Oncle Charles s'est enfermé, Il pleut, bergère...* et *Les Caves du Majestic*. Ce dernier roman marque le retour sur la scène romanesque de Maigret, ressuscité pour des motifs pécuniaires.

Sept nouvelles sont écrites en 1939 et douze en 1940. L'écrivain, qui excelle dans ce genre,

En compagnie de son fils Marc, Simenon se plaît à arpenter la côte vendéenne et charentaise, pays des ostréiculteurs et mytiliculteurs qu'il peint – avec quelle sûreté –, dans plusieurs romans dont *Le Coup-de-Vague* : « On n'était pas dans le monde ordinaire ; on n'était ni sur terre, ni sur mer, et

le pratique surtout pour des raisons lucratives. Il n'abandonne pas pour autant le roman, puisqu'il rédige *La Maison du juge* (un « Maigret ») et *La Veuve Couderc* avant le début de la guerre. Quand celle-ci éclate, le romancier, mobilisable, se rend à Paris où on lui déclare, à l'ambassade de Belgique, qu'il serait plus utile s'il s'occupait à La Rochelle de l'accueil des réfugiés belges. Il s'emploie activement à cette tâche jusqu'en août, puis, lorsque les bombes pleuvent sur la zone portuaire, il gagne avec Tigy, Marc et Boule, l'intérieur du pays et la Vendée.

l'univers, très vaste, mais comme vide, ressemblait à une immense écaille d'huître, avec les mêmes tons irisés, les verts, les roses, les bleus qui se fondaient comme une nacre. »

Page de gauche, en bas, publicité pour « Sans Haine », le mouvement préconisé par Simenon.

**Plus que deux années à vivre ?**

C'est d'abord le séjour à la ferme-
moulin du Pont-Neuf, près du village
de Vouvant, au nord de Fontenay-le-
Comte, où il termine le 7 septembre
*La Vérité sur Bébé Donge.* Durant
l'automne, sa santé nécessitant une
consultation, un médecin lui déclare
que son cœur ne lui autorise plus que
deux ans de vie. Cet avis de la faculté
conduit les Simenon à abandonner
Vouvant, trop isolé, pour vivre à
Fontenay. Ils s'installent dans la
maison du n° 12, quai Victor-Hugo,
où le romancier écrit en décembre
*Cécile est morte,* un « Maigret ».
Il est vite rassuré sur son état
de santé, mais le choc a été rude :
Désiré, son père, n'est-il pas mort
jeune d'une angine de poitrine ? S'il venait
à mourir, lui, que saurait de sa vie son fils Marc ?
C'est pourquoi il écrit à son intention le début d'un
récit autobiographique, *Pedigree de Marcsimenon.*

**Une « épopée des petites gens »**

Après avoir écrit en février 1941 *Le Voyageur de
la Toussaint,* Simenon déménage pour partager avec
son propriétaire, Alain du Fontenioux, le château
fontenaisien de Terre-Neuve, édifié à la fin du
XVIe siècle. Là,
l'écrivain travaille
à son projet
autobiographique qu'il
entend incliner dans le
sens d'une « épopée des
petites gens ». Soucieux
d'obtenir l'avis d'une
autorité, il interrompt
pourtant son récit
et envoie le manuscrit
à Gide, avec qui
il entretient une

**"**Je travaillais peu ;
je peux dire que je ne
travaillais plus du tout,
car écrire mes
souvenirs d'enfance
auprès de mon propre
enfant qui grandissait
était plutôt un passe-
temps savoureux, et je
crois à présent que, de
t'observer, aiguisait
ma mémoire et y
faisait affluer les plus
fraîches images.**"**

*Mémoires intimes*

Ci-dessus et page de
droite, Simenon et son
fils Marc au château de
Terre-Neuve ; ci-contre,
l'écrivain à une fête
foraine en Vendée au
temps de la rédaction
de *Pedigree de
Marcsimenon.*

correspondance littéraire. En attendant le verdict du maître, il regagne des chemins plus familiers avec *Signé Picpus* (un « Maigret »), *Le Fils Cardinaud, Le Rapport du gendarme* et neuf nouvelles « alimentaires ». Le rapport de Gide arrive enfin et n'est guère favorable. Qu'à cela ne tienne : Simenon reprend le projet *ab ovo*, le remanie en lui donnant une forme romanesque à la troisième personne et termine le 17 décembre la première partie de *Pedigree*. Quant à la mouture initiale, *Pedigree de Marcsimenon*, elle verra néanmoins le jour en 1945 sous le titre *Je me souviens...*

Selon les déclarations du romancier, c'est avant d'écrire *Pietr-le-Letton* qu'il a jeté quelques notes préparatoires sur une enveloppe jaune qui se trouvait à portée de main. Il a continué pour les romans suivants. Ces notes ne concernent ni l'intrigue ni la composition, mais servent de points de repère, surtout pour les noms et statuts des personnages, ainsi que pour les lieux. Les premières enveloppes conservées (la plus ancienne est celle du *Pendu de Saint-Pholien*) sont très sommaires, tandis que les renseignements se multiplient avec le temps (ci-dessous, notes pour *Pedigree*).

## Sous l'Occupation

En 1942, Simenon n'écrit plus qu'une nouvelle, signe que les conditions matérielles se sont améliorées. Il sera en effet, sous l'Occupation, l'écrivain le plus adapté au cinéma qui lui offre une manne providentielle en ces temps difficiles. En outre, il obtient en 1942 une autorisation de se déplacer, notamment à Paris. Tout n'est cependant pas rose dans la vie du Simenon « occupé ». Ainsi, la santé de Marc le préoccupe et l'amène à passer deux mois au bord de la mer, à La Faute, près de L'Aiguillon, où il écrit la deuxième partie de *Pedigree* et un savoureux « Maigret », *Félicie est là*, avant de regagner le château de Terre-Neuve et d'y rédiger *La Fenêtre des Rouet*, roman intimiste terminé le 7 juillet. Autre coup dur : en septembre, l'écrivain est soupçonné par l'occupant d'être juif – de Simenon à Simon… – et sommé de prouver qu'il ne l'est pas ; l'affaire se termine sans mal en novembre, mais décidément, il ne fait pas bon vivre à Fontenay par ces temps : mieux vaut aller s'enterrer à Saint-Mesmin, bourg vendéen proche des Deux-Sèvres où une villa est à louer, route de Pouzauges.

### Le procédé de Maigret

L'intérêt suscité par l'intrigue de *Félicie est là* reste secondaire par rapport à la peinture d'un cas psychologiquement intéressant. Félicie est étrangère au meurtre, mais les investigations de Maigret visent essentiellement la compréhension de ce personnage. Cette jeune fille jouit en effet de la sympathie du commissaire qui a découvert en elle « cette simple palpitation humaine qui se cache sous les apparences des plus extravagants fantoches ». Certes, Félicie « se crée des vérités à son usage » et confond la réalité avec les rêves issus de ses lectures, mais elle révèle une sensibilité peu commune. Le roman met

Dans *L'Aîné des Ferchaux* (ci-dessus, enveloppe), Michel Maudet, jeune loup aux dents longues et sans scrupules, n'a rien. Il devient secrétaire du vieux et tout-puissant Dieudonné Ferchaux, qui a tout. Il finit par le tuer pour avoir tout, lui aussi. Le roman vaut principalement par les liens subtils qui se tissent entre les deux hommes, Ferchaux voyant d'abord en Maudet une image de sa propre jeunesse, et le jeune ambitieux considérant au départ son patron comme un idéal. La dégradation progressive de ces rapports forme la trame du livre.

en relief le procédé de Maigret qui consiste à s'identifier aux personnages à propos desquels il enquête. Ce mimétisme sera à nouveau utilisé intensivement dans *Maigret au Picratt's* (1951), *Maigret et l'homme du banc* (1953) et *Maigret et la jeune morte* (1954).

Route de Pouzauges, Simenon met la dernière main à *Pedigree* dont la troisième partie est terminée le 27 janvier 1943. Il écrit ensuite un « Maigret », *L'Inspecteur Cadavre*, et un roman au sens presque « religieux », *Le Bilan Malétras*, avant de séjourner à l'hôtel de Charlannes, à La Bourboule, à nouveau à cause de la santé de Marc. À la fin de l'année, il rédige un roman où il se souvient de l'Afrique, de Panamá et… de la Normandie, *L'Aîné des Ferchaux*, achevé le 7 décembre. Est également composé en 1943 un roman radiophonique, *Le Soi-Disant M. Prou* ou *Les Silences du manchot*.

### « Pedigree », les thèmes du clan et de la marginalité

Autobiographique et rédigé pour se délivrer des obsessions dues à sa jeunesse liégeoise, le plus long des romans de Simenon, *Pedigree*, n'est pas construit autour d'une intrigue. Au gré de ses souvenirs, le romancier y dépeint par petites touches la « chronique d'une famille liégeoise entre 1903 et 1918 », celle de l'auteur lui-même, qui

Par cette carte postale du 5 juin 1941, Gide avertit Simenon de sa réaction face à l'état initial de *Pedigree de Marcsimenon* : « première impression fâcheuse » – ce qui incitera le romancier à repenser son projet. Plus tard, Gide jugera le remaniement « incomparablement supérieur à la première version », mais pas encore suffisant. Il l'écrit à Simenon sur un ton très professoral : « En général : très bon travail, à continuer sans défaillance […]. Très bon travail, mais un peu… tranquille et l'on n'y sent pas la "transe" – où tout de même vous excellez » (lettre du 21 août 1942). Même quand *Pedigree* connaîtra sa forme définitive, Gide restera déçu par ce récit où il ne retrouvera pas le ton du romancier instinctif qui le fascine.

constitue « le plus grand roman que Liège ait jamais inspiré » (Maurice Piron). Le rôle de roman-matrice de *Pedigree* a été mis en lumière par Danièle Racelle-Latin. L'ouvrage contient en effet une thématique souvent exploitée par Simenon. On se contentera de signaler le thème du clan qui, de *La Maison du canal* (1933) à *La Mort d'Auguste* (1966), en passant par *Les Sœurs Lacroix* (1938), *Le Fils Cardinaud* (1942) ou *Tante Jeanne* (1951), parmi bien d'autres romans, alimente une bonne part de la production simenonienne. S'y profile aussi « le thème de la marginalité qui recouvre les thèmes sous-jacents de la fuite ou de la "déviance" » (Maurice Piron). De même,

Cher Simenon, merci. Tout le monde est si gentil que je n'ai plus de papier à lettres ! Je viens de lire « la fuite de monsieur Monde ». Cette profonde tristesse de vos héros me frappe beaucoup. une grande poignée de main.

Colette

En 1942, les Éditions de la NRF publient à des fins publicitaires un essai anonyme d'une vingtaine de pages qui présente Simenon de manière succincte, mais fort bien documenté. Son auteur n'est autre que Raymond Queneau, qui est le premier à reconnaître la diversité spatiale de l'œuvre et a l'excellente idée d'inclure dans son étude une carte des lieux où se déroule l'action des romans de Simenon. Dans le monde littéraire de l'époque, l'auteur du *Chiendent* n'est pas le seul lecteur fervent de Simenon. Colette aussi l'appréciait (à gauche), tout comme Cocteau, Pagnol, Mauriac ou Céline, pour ne citer qu'eux.

*Pedigree* fournit la source de diverses histoires d'individus ou de groupes que le romancier a développées dans *Le Locataire* (1934), *Faubourg* (1937), *Chez Krull* (1939), *Il pleut, bergère…* (1941) ou *Oncle Charles s'est enfermé* (1942), entre autres ouvrages. Le roman aurait dû connaître une suite qui aurait conféré à la vision du monde des « petites gens » une portée universelle et conduit les personnages jusqu'à la veille de la Seconde Guerre mondiale. Simenon y a renoncé face aux procès dont le livre a fait l'objet lors de sa sortie, en 1948.

## Drames intimes et... moins intimes

En 1944, il écrit à Saint-Mesmin *Les Noces de Poitiers*, *La Fuite de Monsieur Monde* et *Le Cercle des Mahé*. Un événement d'ordre privé, capital pour la suite de sa vie, a lieu cette année-là : Tigy surprend son mari et Boule dans une position non équivoque. Elle exige aussitôt le renvoi de la cuisinière, mais, devant le refus du romancier, les époux en arrivent à un compromis : tous deux reprendront leur liberté en restant mariés. Simenon, qui, selon ses déclarations, avait trompé Tigy chaque jour depuis qu'il la connaissait, ressent un sentiment de libération : il ne sera plus obligé de se cacher, de tricher, pour assumer les besoins impérieux de sa sexualité.

Un autre événement, d'ordre historique, est moins réjouissant : à la Libération, l'écrivain a maille à partir avec la Résistance qui lui reproche d'avoir trop bien vécu sous l'Occupation, de ne pas s'être embarrassé de scrupules pour publier dans des revues collaborationnistes, d'avoir traité avec la société cinématographique Continental, d'obédience allemande, bref, on le soupçonne de

Sorti sur les écrans en 1942, le film de Henri Decoin inspiré par *Les Inconnus dans la maison*, qui bénéficie d'une adaptation, d'un scénario et de dialogues de Henri-Georges Clouzot, doit beaucoup à l'interprétation du rôle principal par Raimu (ci-dessous aux côtés de Juliette Faber) : « le colosse de l'art dramatique, l'Acteur avec une majuscule », dira Simenon (*Arts*, 18 janvier 1956). Pourtant, cette adaptation trahit le roman en se dotant d'un contenu idéologique qu'il n'a pas. Simenon n'en a cure, puisqu'il voit surtout dans le cinéma et l'argent qu'il lui procure un moyen de bien vivre en des temps difficiles.

collaboration et peu s'en faut qu'il ne soit arrêté en août. Pour comble d'adversité, il est atteint d'une pleurésie qu'il va soigner aux Sables-d'Olonne où l'accueille l'hôtel des Roches-Noires, mais où, accusé d'intelligence avec l'ennemi, il ne tarde pas à être assigné à résidence.

Dans *Les Noces de Poitiers*, Simenon analyse l'évolution d'une déchéance suivie d'une sorte de résurrection. Le roman est centré sur la vulnérabilité du héros, Gérard Auvinet, jeune ambitieux qui ne possède pas les moyens de réaliser ses rêves. Orgueilleux, d'une nervosité et d'une émotivité excessives, il souffre de ne pouvoir pénétrer dans le monde brillant qu'il ne fait qu'entrevoir. Un arrière-plan autobiographique transpose l'expérience de Simenon lors de ses débuts parisiens. Le héros ressemble comme un frère, par son mal de vivre et son immaturité, aux jeunes héros de *L'Âne-Rouge* (1933), des *Suicidés* (1934), de *Long Cours* (1936) et même de *L'Aîné des Ferchaux* (1945), quoique ces

(¹) M. SIMENON
Prénoms : Georges
Profession : Romancier
Né le 12-2-1903
(¹) à Liège
domicilié à Paris, 21 Place des Vosges (3e) Les Sables-d'Olonne 42 Quai Clemenceau
Pièce d'identité nº 39 CG 84.829
Nature : Carte identité
Délivrée le 24-4-1942
par Préfet de la Vendée

NATIONALITÉ : Belge
est autorisé à circuler dans toute la zone de l'intérieur.
Motif du déplacement : pour affaires personnelles.

Signature du titulaire
(¹) A indiquer en majuscules d'imprimerie.
A Paris, le 26 Mars
Le Chef du 13me Bureau qui délivre ce titre
Direction Générale de la Sûreté Nationale — Direction des Étrangers et des Passeports — 13me Bureau

Registration Certificate No. 960339
Issued at Piccadilly Place W.1
on 22.8.45
Name (Surname first, in Roman Capitals) SIMENON Georges
Alias
Left Thumb Print (if unable to sign name in English Characters)
Photograph
Signature of Holder
Profession or Occupation Business Writer
Single or Married Married
Address of Residence Savoy Hotel, Strand W.C.2
Arrival in United Kingdom on 20/8/45
Address of last Residence outside U.K. 21 Pl. des Vosges. Paris
Government Service Belgian Army 1921.22
Passport or other papers as to Nationality and Identity. Belgian Passport No. 16126/4/7 issued Paris 18/7/45

Contrairement à son frère Christian, collaborateur notoire au sein du mouvement rexiste belge pro-nazi – il s'engagera dans la Légion en 1945, sera condamné à mort par contumace en août 1946 et tué en Indochine en 1947 –, Simenon a eu pour seul tort de trop bien vivre sous l'Occupation. Pourtant, Belge assigné à résidence en Vendée, il lui faut obtenir les autorisations qui lui permettront de mettre l'océan entre la France et lui. Son chemin passe par Paris (ci-dessus, autorisation de la Sûreté datée du 26 mars) et par Londres (ci-contre, document officiel établi le 22 août par les autorités anglaises avant son embarquement pour les États-Unis).

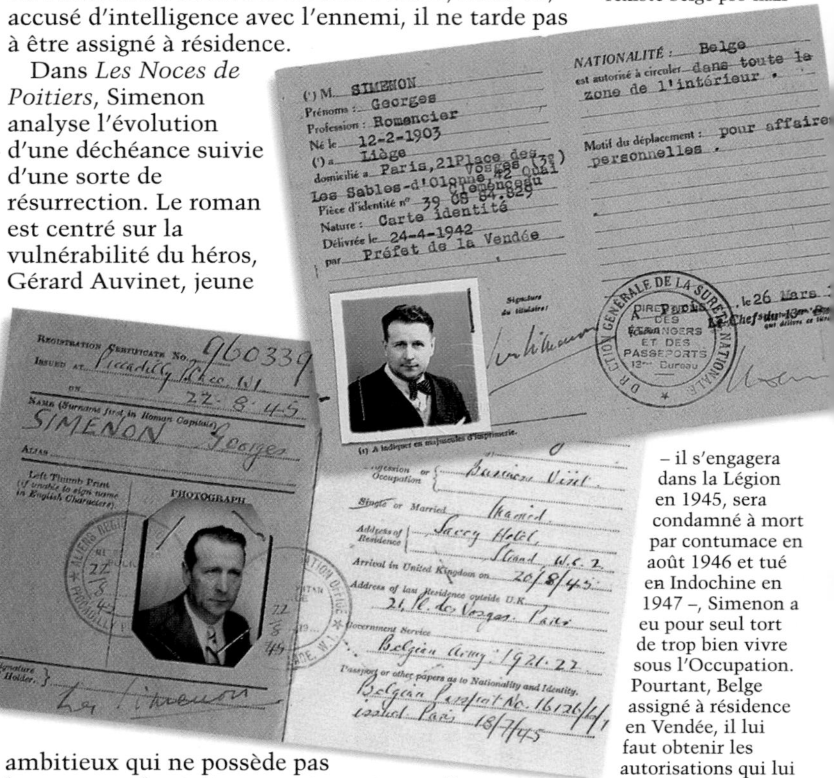

romans ménagent une intrigue et un dénouement différents. Les récits ultérieurs qui mettent en scène des protagonistes jeunes reçoivent une coloration plus sereine, qu'il s'agisse par exemple du *Confessionnal* (1966) ou de *La Disparition d'Odile* (1971).

## Tourner la page

Guéri, Simenon écrit trois nouvelles aux Roches-Noires en janvier 1945, puis il s'installe dans l'immeuble Les Soleils, 42, promenade Georges-Clemenceau, où il rédige une quatrième nouvelle, *Les Mains pleines*, à la gloire de… la Résistance. Opportunisme? Peut-être, mais en avril, l'écrivain retrouve sa liberté de mouvement: « aucun fait précis de collaboration ne lui est imputé » en Vendée. Néanmoins, ce climat le mine. Continuer à vivre en France dans ces conditions? Jamais!

*Je me souviens…*

De l'espace! L'Amérique! Comme pour dire adieu à un des paysages français qui lui tiennent le plus à cœur, il se rend du côté de Morsang et de Seine-Port, à l'hôtel Beau-Rivage de Saint-Fargeau, pour écrire *Maigret se fâche*, roman promis à Pierre Lazareff pour *France-Soir* et terminé le 4 août. Avant de couper les ponts avec la France, Simenon change d'éditeur, la politique commerciale de Gallimard l'ayant déçu; il jette son dévolu sur le jeune Sven Nielsen qui lui offre un pont d'or et auquel il ne cessera, pendant des années, de prodiguer ses conseils. Désormais, la production de Simenon en France passera par les Presses de la Cité. Son visa et celui de Tigy sont délivrés le 18 août, suivis, le 24, par un ordre de mission culturelle au Canada. En octobre, ils débarquent à New York: une nouvelle vie commence.

Le premier ouvrage de Simenon publié par les Presses de la Cité fin 1945 est ce *Pedigree de Marcsimenon*, édité sous le titre de *Je me souviens…*, que Gide avait jugé fort imparfait. L'ouvrage est illustré de très beaux dessins de Reschofsky (ci-dessous). À l'occasion d'une réédition en 1961, l'écrivain donne son avis sur le livre: « Je viens de revoir, pour l'édition définitive (?), les cinquante premières pages de *Je me souviens…* […]. Je me demande si mon style n'était pas plus nerveux, plus vivant qu'aujourd'hui. Je travaillais plus vite, en buvant une sérieuse quantité de vin. Je trouve peu à corriger, ou alors il faudrait tout récrire. C'est débraillé, certes, souvent incorrect, mais je n'ose pas y toucher par crainte de tout démolir » (*Quand j'étais vieux*).

Dans les décennies qui suivent la guerre, Simenon devient célèbre, à la manière d'une vedette qui défraie parfois la chronique. On en parle comme d'un « cas », en se référant à son mode de vie fastueux aussi bien qu'au rythme de sa production, mais il devient aussi admis, dans les milieux lettrés, que ce phénomène est en train de bâtir une œuvre qualitativement importante et unique, en marge des modes et des écoles.

**CHAPITRE 4**

# CÉLÉBRITÉ

En changeant d'éditeur, Simenon (ci-contre devant les locaux de la Police judiciaire, à Paris) renoue avec la production régulière de ses romans de Maigret, le nom du commissaire s'inscrivant désormais dans les cinquante-trois titres de ses enquêtes publiées par les Presses de la Cité de 1947 à 1972.

### Coup de foudre à New York

C'est un couple « séparé » qui s'installe fin octobre 1945 à Sainte-Marguerite-du-Lac-Masson (Québec), où il loue une villa et un bungalow rue Baron-Empain. L'écrivain fait souvent la navette avec New York : souhaitant développer son audience aux États-Unis, il noue divers contacts éditoriaux et cherche une secrétaire bilingue. Ainsi, le 5 novembre, une Canadienne se présente ; la passion est immédiate, Denyse Ouimet est engagée et va partager la vie du romancier à Sainte-Marguerite. Là, Simenon se remet sérieusement au travail : il écrit au début de 1946 *Trois Chambres à Manhattan*, roman qui transpose sa rencontre avec Denyse, puis *Maigret à New York*. Il rédige ensuite trois nouvelles qui prendront place dans le recueil *Maigret et l'Inspecteur Malgracieux*, avant d'aller passer l'été dans la province du Nouveau-Brunswick, à Saint Andrews, où sont composés *Au bout du rouleau*, *Le Clan des Ostendais* et trois nouvelles.

« J'allais connaître [...] ce qu'on appelle la passion, une véritable fièvre que d'aucuns [...] assimilent à une maladie. »

*Mémoires intimes*
(à propos de Denyse, sa seconde épouse)

### « Lettre à mon juge », un carrefour de la thématique simenonienne

Le 16 septembre, la « famille », accompagnée par l'institutrice de Marc, quitte Saint Andrews et sa Glengary House pour rouler vers le sud en suivant le rivage atlantique du Canada, puis des États-Unis. En novembre, Simenon et Denyse s'installent sur la côte ouest de la Floride, à Bradenton Beach, dans un bungalow nommé Coral Sands, tandis que Tigy et Marc se fixent à Sarasota. Ce voyage fait l'objet d'articles destinés à *France-Soir* qui seront réunis sous le titre « L'Amérique en auto ».

G. SIMENON
3 Chambres à MANHATTAN
LOTUS HO
PRESSES de la CITÉ
PARIS

Fernandel et Françoise Arnoul dans une scène du *Fruit défendu* (1952), film d'Henri Verneuil d'après *Lettre à mon juge*. Ce film dénature complètement l'esprit et même la lettre du roman puisque les amants s'y séparent, tandis que l'épouse du héros du film guérit son mari de ses errements et lui pardonne sa foucade. L'intention moralisatrice tue ici l'originalité de l'écrivain.

Outre une nouvelle, le romancier écrit à Bradenton Beach *Lettre à mon juge*. Un des plus accomplis de Simenon, ce roman raconte l'histoire d'un médecin qui, après s'être marié deux fois, découvre la passion amoureuse qu'il considère comme un absolu, au point de tuer sa maîtresse, jaloux qu'il est de son passé. *Lettre à mon juge* constitue un carrefour de la thématique simenonienne. En effet, plusieurs thèmes importants s'y retrouvent imbriqués : celui de l'individu dominé par un environnement féminin envahissant (« C'est terrifiant de penser que nous sommes tous des hommes, tous à courber plus ou moins les épaules sous un ciel inconnu, et que nous nous refusons à faire un tout petit effort pour nous comprendre les uns les autres »), celui du malentendu tragique au sein du couple (« Armande, petit à petit, à son insu, a pris à mes yeux la figure du Destin. Et, révolté contre ce Destin, c'est contre elle que je me suis révolté »), celui de la sensualité comme échappatoire à la solitude (« Plus elle était mienne [...] et plus j'éprouvais le besoin de l'absorber davantage. De l'absorber. Comme, de mon côté, j'aurais

Après avoir précisé qu'il a « porté pendant douze mois » *Lettre à mon juge*, Simenon confie à André Gide (lettre du 18 janvier 1948): « Je l'ai écrit pour me débarrasser de mes fantômes et pour ne pas faire le geste de mon héros. » C'est laisser entendre que la portée générale du livre recouvre une intention autobiographique. Écrit presque un an après *Trois Chambres à Manhattan*, le roman s'abreuve à la même source passionnelle, mais échappe à l'allégresse causée par la victoire de l'amour sur la solitude qui marquait la fin du récit new-yorkais.

*Mon Juge
Je voudrais qu'un homme, un seul, me comprenne Et j'aimerais que cet homme ce soit vous.*

voulu me fondre entièrement en elle ») ou celui de la jalousie (« Elle est tellement jalouse qu'elle ne me laisse pas un moment de liberté »)…

## Fascination du désert

À Bradenton Beach, Simenon écrit encore *Le Destin des Malou* et *Le Passager clandestin*, entrecoupant son séjour par un voyage à Cuba, ainsi que par une incursion vers la Géorgie et le Tennessee. Ensuite, la randonnée à travers les États-Unis se poursuit avec Denyse et Marc vers l'ouest, où le romancier est séduit par l'Arizona. Il s'installe en septembre à Tucson, au n° 325 de West Franklin Street. Tigy, qui est rentrée en France mettre de l'ordre dans la gestion des affaires de son mari, en revient avec Boule qui n'avait pu, jusque-là, obtenir un visa. C'est donc en compagnie de trois femmes que vit alors l'écrivain, ce qui n'empêche pas ses visites aux prostituées de Nogales, au Mexique. La nouvelle de la mort de son frère le trouble sans déranger son rythme de création, puisqu'il écrit *La Jument-Perdue*, *Les Vacances de Maigret* et *Maigret et son mort*.

Il y a loin de New York à l'Arizona, de la ville par excellence aux étendues désertiques de l'Ouest. Pourtant, Simenon (ci-dessous avec son fils Marc) est fasciné par l'une comme par les autres et l'espace américain, avec ses spécificités, envahit son œuvre. Ses romans de l'Arizona, *La Jument-Perdue*, *Le Fond de la bouteille* et *Maigret chez le coroner*, témoignent de son émerveillement pour ce « pays aux vastes espaces, à l'herbe bleue et aux chevaux en liberté dans la nature » (*Mémoires intimes*), celui qu'il recherchait depuis son arrivée en Amérique pour l'avoir vu photographié dans une revue.

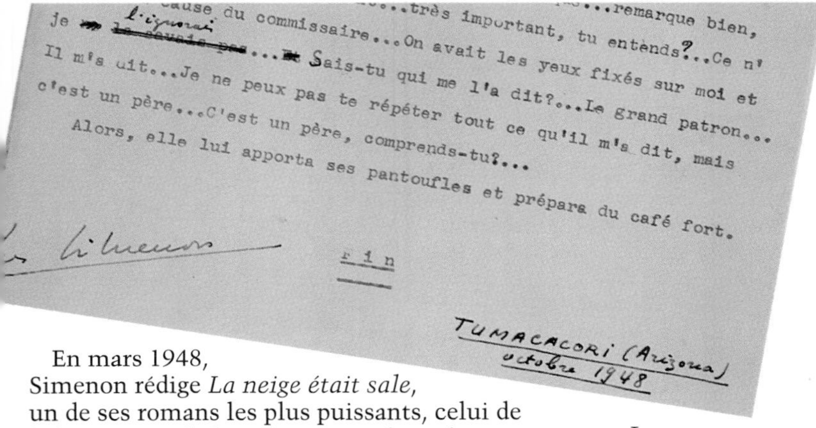

très important, tu entends?...Ce n'
...cause du commissaire...On avait les yeux fixés sur moi et
je ➜ l'ignorai ... Sais-tu qui me l'a dit?...Le grand patron...
Il m'a dit...Je ne peux pas te répéter tout ce qu'il m'a dit, mais
c'est un père...C'est un père, comprends-tu?...
Alors, elle lui apporta ses pantoufles et prépara du café fort.

F i n

TUMACACORI (Arizona)
octobre 1948

En mars 1948, Simenon rédige *La neige était sale*, un de ses romans les plus puissants, celui de l'abjection et de la rédemption, du rachat par la souffrance. Ensuite, soucieux de ses droits cinématographiques, il se rend à Hollywood, où il ira souvent durant son séjour en Arizona. En juin, il déménage à Tumacacori, entre Tucson et Nogales, où il a trouvé à louer une maison proche d'un ranch, Stud Barn. Là sont composés, avant la fin de l'année, *Le Fond de la bouteille*, où rôde l'ombre du frère disparu, *La Première Enquête de Maigret* et *Les Fantômes du chapelier*.

*La Première Enquête de Maigret* (ci-dessus, dernière page du tapuscrit) se déroule en 1913, alors que Maigret n'est pas encore

### « Un nouveau dans la ville »

Début 1949, *Mon Ami Maigret* est rédigé alors que Denyse est enceinte, état qui provoque en juin un repli vers Tucson, où les amants s'établissent au n° 4 325 d'East Whitman Street. Durant ce temps, en avant-garde, Tigy et Boule gagnent Carmel, où Marc les rejoint bientôt. À Tucson cependant, Simenon, qui vient d'achever, le 4 juillet, *Les Quatre Jours du pauvre homme*, est rattrapé par son passé; en France, le 19 juillet, le Comité d'épuration des gens de lettres proclame sa sanction à son égard: interdiction de publication et d'activités annexes pendant deux ans.

commissaire, et a pour cadre principal la parisienne rue Chaptal. En effet, Simenon a beau vivre aux États-Unis, Paris continue à imprégner son œuvre.

L'intéressé est atterré – ce qui ne l'empêche pas, sur-le-champ, d'écrire *Maigret chez le coroner* –, mais, grâce à son avocat Maurice Garçon et à des relations, la condamnation n'aura pas de suite. Le 29 septembre, l'écrivain accueille avec joie son deuxième fils, John, dont la première demeure sera un appartement de l'immeuble Desert Sands, 3 805, East Fifth Street. Là est composé un roman sombre au titre symbolique saluant l'événement, *Un nouveau dans la ville*, terminé le 20 octobre. Après quoi, le père, la mère et l'enfant rejoignent l'avant-garde à Carmel (dans une autre villa, toutefois, Ocean View Avenue), où Simenon écrit avant la fin de l'année *Maigret et la vieille dame* et *L'Amie de madame Maigret*.

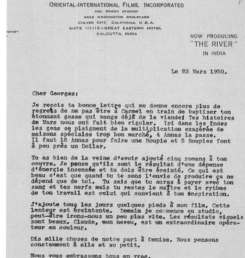

Jean Renoir, qui continue lui aussi à édifier son œuvre, reste admiratif devant la production de son ami (lettre ci-dessous).

### À Shadow Rock Farm

Carmel est aussi le lieu de rédaction, au début de 1950, de deux excellents romans : *Les Volets verts* et *L'Enterrement de monsieur Bouvet*. Simenon régularise ensuite sa situation : le divorce d'avec Tigy est prononcé le 21 juin à Reno, où le mariage avec Denyse a lieu le lendemain. À la recherche d'un domicile, le nouveau couple officiel le trouve et l'achète à Lakeville, dans l'Est du pays, parmi les collines du Connecticut : une vaste maison du XVIIIᵉ siècle, Shadow Rock Farm, dans une propriété de vingt hectares. Il emménage en juillet, tandis que Tigy, Marc et Boule s'installent non loin de là, à Lime Rock : Simenon pourra voir

Marc lorsqu'il le voudra ; quant à Boule, elle retournera bientôt au service des nouveaux mariés et sera heureuse de retrouver son « petit monsieur joli ».

Alors que le nouveau couple Simenon s'installe dans l'imposante demeure de Lakeville (ci-dessus), Thomas Narcejac publie la première étude littéraire portant sur l'œuvre du romancier. Entre autres mérites, elle analyse la portée « philosophique » de cette masse déjà hors du commun et établit, ce faisant, que les romans dits policiers de l'auteur n'ont de policier que le nom. Ils s'intègrent au contraire à un ensemble dont les romans « durs » constituent certes le noyau, mais, fondamentalement, ils participent d'une même vision du monde, avec une thématique et une finalité semblables, procédant d'« un identique sentiment de l'humain ». Un demi-siècle plus tard, l'essai n'a pas pris une ride et reste un des meilleurs commentaires de l'œuvre.

## « Le Cas Simenon » et la célébrité universelle

Simenon demeure à Lakeville jusqu'en 1955, tandis que s'affirme sa notoriété aux États-Unis. *Le Cas Simenon*, de Thomas Narcejac, premier ouvrage consacré au romancier, paraît en 1950 aux Presses de la Cité. Avec trois millions d'ouvrages vendus chaque année dans le monde, la célébrité de l'auteur est universelle et son secrétariat, géré par Denyse, est comparé à une activité industrielle. Sont encore écrits en 1950 *Tante Jeanne*, *Les Mémoires de Maigret*, *Le Temps d'Anaïs* et *Maigret au Picratt's* ; en 1951, *Maigret en meublé*, *Une vie comme neuve*, *Maigret et la Grande Perche*, *Marie qui louche*, *Maigret, Lognon et les gangsters* et *La Mort de Belle*.

1952 est l'année du voyage triomphal de Simenon en Europe en compagnie de Denyse : Paris, Milan, Rome, Liège, qui l'accueille dans la joie, Bruxelles où il est reçu à l'Académie royale de langue et de littérature françaises de Belgique.

En 1952, le voyage qu'effectue l'écrivain en Europe a plusieurs motivations : Simenon veut montrer à sa femme l'Ancien Continent et lui présenter ses relations ; il doit être reçu à l'Académie royale de langue et de littérature françaises de Belgique ; enfin, sa présence est souhaitée à Verviers où un procès lui est intenté par un ancien pensionnaire de sa mère qui s'est reconnu dans *Pedigree*. Si le monde de l'édition, de la presse et du cinéma le fête à Paris (ci-dessous avec son fils John lors de leur arrivée à Paris le 18 mars), si ses amis le revoient avec plaisir, Liège lui réserve début mai un accueil populaire délirant (ci-contre). Est-ce l'homme phénoménal, dont parlent les journaux, qu'est venu admirer et applaudir la foule ? Le romancier ? Le créateur du commissaire Maigret ? Ou tout simplement l'enfant du pays qui a réussi ?

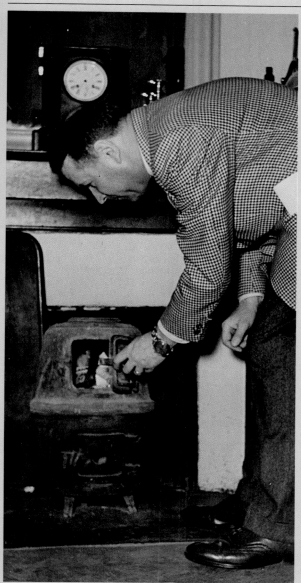

**❝**18 avril. Réception officielle au 36, quai des Orfèvres, le siège de la Police judiciaire, avec un grand déjeuner à la clef. L'écrivain est accueilli par le préfet, des commissaires et des inspecteurs comme s'il était de la famille. Visite des locaux. Odeurs, couleurs, ambiance. Il se croirait dans ses romans. À ceci près que ses différents « modèles » de Maigret sont à la retraite ; quant au poêle que son héros aimait tisonner, il a été remplacé par le chauffage central. Au moment du départ, remise solennelle d'une plaque de commissaire n° 0000 au nom de Maigret. Simenon en fera un porte-clefs.**❞**

Pierre Assouline,
*Simenon*

Simenon doit sa connaissance du Quai des Orfèvres à une rencontre avec le commissaire Massu, un des modèles de Maigret (page de gauche, en haut). En outre, peu après la sortie des premiers « Maigret », le directeur de la PJ, Xavier Guichard, l'avait invité à visiter les locaux de l'institution en compagnie du commissaire Guillaume. Ces deux policiers, Marcel Guillaume surtout, inspireront à leur tour la personnalité de Maigret.

Malgré ce triomphe, rentré en juin à Lakeville, il écrit : « Je ne pourrais plus m'habituer à l'existence de là-bas où il reste comme des relents d'esclavage », tandis qu'il vante « l'atmosphère de réelle démocratie qui règne ici ». En 1952, Simenon rédige encore *Le Revolver de Maigret*, *Les Frères Rico*, *Maigret et l'homme du banc* et *Antoine et Julie*.

### Lorsque « Maigret a peur »

À la joie de son père, Marie-Jo, troisième enfant de Simenon, naît à Sharon le 23 février 1953. Après la naissance, il écrit cette année-là *Maigret a peur*, *L'Escalier de fer*, *Feux rouges*, *Maigret se trompe*, *Crime impuni* et *Maigret à l'école*. L'action de *Maigret a peur* se déroule à Fontenay-le-Comte. L'ouvrage met en évidence l'antagonisme entre la classe des nantis et le peuple, auquel va la sympathie du commissaire, comme dans *L'Inspecteur Cadavre* (1944), autre roman vendéen. Pourtant, Maigret a peur de la foule prête à se faire justice, tout comme il a peur quand il apprend qu'une erreur dans son enquête mène à un suicide. Sa carrière de policier est émaillée d'autres fautes, depuis *Pietr-le-Letton* (1931) et *Le Pendu de Saint-Pholien* (1931), où il provoque deux suicides, jusqu'à *Maigret aux assises* (1960), où il favorise un meurtre, en passant par *L'Inspecteur Cadavre*, où il n'arrête pas les coupables, et *Une confidence de Maigret* (1959), où il ne peut disculper un innocent condamné à mort.

L'admiration d'écrivains aussi différents que Miller et Cocteau traduit la portée universelle de l'œuvre. D'Amado à Mac Orlan, d'autres partagent ce sentiment, faisant écho à l'opinion de Gide qui voyait en Simenon « un grand romancier, le plus grand peut-être et le plus vraiment romancier » de son temps.

De plus en plus je crois que vous êtes l'auteur le plus accepté du monde aujourd'hui. Quel honneur. Je vous félicite tout le temps. C'est sincère.

Avec " ma main amie "

Henry Miller

## La nostalgie de l'Europe

En 1954 sont rédigés *Maigret et la jeune morte*, *L'Horloger d'Everton*, *Le Grand Bob*, *Maigret chez le ministre* et *Les Témoins*. Simenon se sent vieillir et perçoit des fissures entre Denyse et lui. À la fin de l'année, il effectue pourtant avec elle un voyage en Angleterre prolongé par quelques jours à Paris. Ces indices laissent deviner l'attrait que l'Europe conserve pour lui. En effet, Simenon termine le 25 janvier 1955 *Maigret et le corps sans tête*, puis décide d'abandonner définitivement les États-Unis. Ayant débarqué le 26 mars, la famille s'installe début avril dans une villa de Mougins, La Gatounière, où sont écrits *La Boule noire*, *Maigret tend un piège* et *Les Complices*, avant d'occuper en octobre une demeure imposante à Cannes, Golden Gate. Là, Simenon termine le 8 novembre *En cas de malheur*. Quant à Tigy, fuyant la vie mondaine et les lumières du vedettariat, elle retourne vivre à Nieul.

En 1951, Simenon est l'écrivain de langue française le plus traduit (31 traductions). En 1955, il a comptabilisé la sortie dans le monde de 80 de ses titres, soit plus d'un par semaine, l'édition française ne constituant plus qu'un cinquième de son chiffre d'affaires. Les tirages des Presses de la Cité sont en moyenne de 47 000 exemplaires par titre, mais les « Maigret » se vendent mieux que les autres romans. (*Maigret à New York* : 92 000 ; *Maigret chez le coroner* : 77 000 ; contre 35 000 pour *Lettre à mon juge*, 36 000 pour *La neige était sale*.) (Page de gauche, publicité NRF métro, Rue du Bac, 1951.)

En 1956 sont achevés à Cannes, en mars, *Un échec de Maigret*, puis, en avril, sur la lancée d'un voyage aux Pays-Bas et à Liège, *Le Petit Homme d'Arkhangelsk*, un roman très élaboré. Après des vacances en Suisse et quelques escapades à Paris, Simenon termine le 13 septembre *Maigret s'amuse* et, le 28 décembre, *Le Fils*. Denyse, elle, commence à donner des signes de dérèglement psychique. En réalité, le couple est en train de se déchirer, miné en outre par des abus de boisson.

## Un roman feutré, tout en pointillisme

Le « petit homme d'Arkhangelsk », Jonas Milk, natif de Russie et établi dans le Berry, a épousé Gina, qui fait des fugues. Lors d'une de celles-ci, on le soupçonne de l'avoir fait disparaître. Rejeté par la population qui lui reproche aussi d'être d'origine russe et juif de surcroît, Milk se pend. La petite ville où s'inscrit le drame est évoquée avec maîtrise : Simenon procède par pointillisme pour rendre son atmosphère et peindre ses habitants souvent mesquins, médiocres et conformistes. De même, la tragédie de Milk est contée sur un mode mineur dans ce roman feutré où règnent la résignation et l'accablement.

Les fictions de Simenon sont régies par un art consommé qui fait oublier la technique. On se rend vite compte, en effet, que le romancier manie avec brio les structures temporelles du récit, entre anticipations et retours en arrière où les émergences d'un passé contraignant conditionnent le présent. De même, le traitement de l'espace reçoit tous

Simenon et Gabin sur le plateau de tournage de *Maigret tend un piège*, de Jean Delannoy, en 1957. L'écrivain a beau prétendre à maintes reprises qu'il ne voit jamais les films adaptés de ses romans, il n'en déclare pas moins qu'il ne pourra plus « voir Maigret que sous les traits de Gabin » (*L'Express*, 6 février 1958). Ce sera encore le cas avec *Maigret et l'affaire Saint-Fiacre* (1959) du même Jean Delannoy et dans *Maigret voit rouge* (1963) de Gilles Grangier.

*article sur toi.*
*« polio » m'inquiète énormément.*
*Et puis, tu ne tapes plus à la*
*machine ! J'espère qu'il s'agit*
*d'une dramatisation de journaliste !*
*Je n'ai pas ton téléphone.*
*Mets-moi un mot, même me au*
*stylo bille. Jacqueline est*
*désolée. On vous embrasse tous*
*les deux.*
*Marcel*

*16 Square du Bois de Boulogne*
*Paris.*

Cette lettre de Pagnol atteint Simenon à l'époque où il occupe à Cannes l'opulente villa Golden Gate, avenue de la Reine-Élisabeth (ci-dessous). Durant cet intermède azuréen, l'inspiration ne tarit certes pas. Sur un plan personnel toutefois,

les soins d'un auteur qui, loin d'épuiser le réel à la façon d'un Balzac dont on l'a trop souvent indûment rapproché, le reconstitue par petites touches, qu'il s'agisse de noter tels détails descriptifs ou d'évoquer les sons, les odeurs, la luminosité, domaine des sensations dans lequel Simenon excelle. « On dit que je suis un écrivain réaliste, s'insurge-t-il. C'est absolument faux parce que, si j'étais réaliste, j'écrirais exactement les choses comme elles sont. Or il faut les déformer pour leur donner une plus grande vérité. »

L'utilisation de ces structures n'est pas la seule à témoigner de la virtuosité technique de Simenon. Ainsi, tout en portant à son maximum d'efficacité narrative le procédé de la focalisation interne, il ne néglige pas les domaines de l'intrigue et de la composition : même s'il a souvent déclaré qu'en commençant un roman il en ignorait la fin, on constate souvent la présence de divers motifs récurrents jalonnant le récit en fonction de son dénouement, au point que ces échos et ces reprises font penser aux subtils arcanes du nouveau roman.

le luxe et la grande vie n'empêchent pas les fêlures du couple de devenir déchirures ; à cet égard, les titres des deux premiers romans rédigés à Cannes, *En cas de malheur* et *Un échec de Maigret*, prennent une valeur prémonitoire.

Depuis la fin de la guerre, le cinéma ne cesse d'adapter Simenon : pas moins de trente-trois films entre 1945 et 1972, dont *Panique* (page précédente, à gauche), *L'Homme de la Tour Eiffel* (page précédente, à droite), *Maigret tend un piège* (page de gauche, en haut), *En cas de malheur* (page de gauche, en bas), *Le Bateau d'Émile* (ci-contre) et *La Vérité sur Bébé Donge*.

**"**Les personnages de Simenon sont tellement vivants, tellement burinés, tellement décrits qu'il n'y a pas de difficulté à travailler [...]. Les personnages vous sont apportés sur un plateau, il n'y a qu'à les saisir. C'est un écrivain cinématographique, le plus important, le plus riche que nous ayons eu en France.**"**
Claude Autant-Lara
in *Simenon-Travelling*

**"**Lorsqu'on lit un de ses bouquins, trois choses sont très évidentes : la qualité de l'atmosphère – formidablement décrite –, la justesse des dialogues et la densité des personnages. Tous éléments indispensables et presque suffisants pour faire un bon film.**"**
Claude Chabrol,
in *Le Vif-l'Express*,
11 juin 1993

**Le style ascétique d'un grand romancier**

Enfin, il serait erroné de tenir pour négligeable le style simple de Simenon, qui résulte davantage d'une ascèse scripturale que d'une volonté délibérée de facilité. Couramment qualifié de blanc, gris ou neutre, ce style sobre, sans fioritures, aux constructions simples, au vocabulaire limité, relève en effet d'une quête de dépouillement visant à bannir l'artifice, le pathos et, d'une manière générale, tout romantisme de bas étage. On a d'ailleurs peine à imaginer le travail d'émondage que s'est infligé pour parvenir à ce stade un auteur qui a montré dans ses écrits de jeunesse qu'il pouvait écrire tout autrement. Ce type d'écriture, qui n'empêche pas Simenon d'obtenir quand il le faut une émotion de type lyrique, a certainement contribué au succès universel d'un romancier qui n'a jamais caché l'influence de la musique sur le rythme de sa composition.

En dépit des apparences, la mésentente entre l'écrivain et sa femme règne le plus souvent au château d'Échandens (ci-dessus et ci-dessous, article du *MD Pictorial*).

## Au bord du lac

Denyse étant devenue amoureuse du lac Léman, les Simenon font la navette, au début de 1957, entre Cannes et Lausanne où ils résident au Lausanne Palace. C'est pourtant à Golden Gate, à un moment où l'écrivain envisage un voyage en Israël qui ne se réalisera pas, que sont écrits en avril et juin *Le Nègre* et *Strip-Tease*. En juillet enfin, ils quittent Cannes pour s'établir au château d'Échandens, près de Lausanne, où ils demeurent jusqu'en décembre 1963. Là sont rédigés, dès 1957, *Maigret voyage*, *Le Président* et *Les Scrupules de Maigret*.

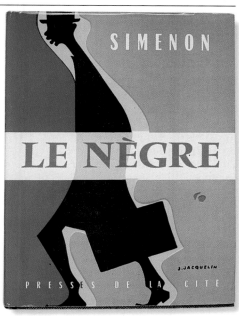

Roman très dense racontant une ascension sociale finalement peu valorisante, *Le Passage de la ligne* est terminé le 27 février 1958, année durant laquelle Simenon préside le festival du film de Bruxelles du 28 au 31 mai. Il revient en juillet dans la capitale belge visiter l'Exposition internationale après avoir achevé *Dimanche* le 3 juillet et avant d'effectuer une croisière aux Pays-Bas, puis de séjourner à Venise. Retour en octobre vers la Belgique où Simenon prononce à Bruxelles, Charleroi et Liège une conférence intitulée « Le roman de l'homme » : s'y fait jour l'idée selon laquelle l'acte créateur, donc artistique et romanesque, trouve son origine, depuis la nuit des temps, dans l'éternelle peur de l'homme. Le 23 octobre, le romancier boucle *Maigret et les témoins récalcitrants*. En janvier 1959, il dissèque *La Vieille*, puis *Une confidence de Maigret* émouvante est achevée le 3 mai. Quatrième enfant de l'écrivain, Pierre Simenon naît le 26 mai. Son père termine *Maigret aux assises* le 23 novembre.

Dans la catégorie des romans « durs », *Le Nègre*, qui n'a rien d'exotique puisqu'il se passe en Picardie, met en scène un caractère velléitaire. « Un jour, je leur montrerai » : telle est la raison de vivre de l'insignifiant Théo Doineau. L'occasion se présente, mais le faible Théo n'a pas les moyens de se mettre en avant et il retombe dans ses ornières routinières.

## Au Festival de Cannes

Simenon se débarrasse, début 1960, d'un texte sur Balzac promis à la télévision, puis passe quelques jours à Londres avant d'écrire *L'Ours en peluche*. En mai, il préside le Festival de Cannes où il contribue à faire primer *La Dolce Vita* de Fellini, y rencontre celui-ci qui devient un ami, ainsi qu'Henry Miller, avec lequel il correspond depuis plusieurs années. En juin, il écrit *Maigret et les vieillards*, puis commence un journal qu'il tiendra jusqu'en 1963 et qui sera publié sous le titre *Quand j'étais vieux*. Après des vacances à Venise fin juillet et début août, Simenon subit une appendicectomie, puis passe sa convalescence au Trianon Palace de Versailles.

Au lendemain d'une visite d'Henry Miller, entre la rédaction du *Train* et celle de *La Porte*, Simenon est photographié à Échandens par Robert Doisneau le 28 avril 1961. Le document montre l'écrivain face à une partie de sa nombreuse production.

Rentré chez lui, il termine le 12 octobre *Betty*, inspiré par une expérience versaillaise.

1961. Sont écrits en janvier *Maigret et le voleur paresseux*, en mars *Le Train*, un roman que Simenon porte en lui depuis la guerre, en juin *La Porte*, un drame de la jalousie vécu par un handicapé, et, après des vacances familiales suisses au Bürgenstock en juillet, *Maigret et les braves gens* en septembre. Au retour d'un voyage à Liège en octobre, le romancier rédige *Les Autres*. Le 14 décembre, une femme de chambre italienne de 35 ans, Teresa Sburelin, entre au service des Simenon : elle deviendra l'ultime compagne de l'écrivain.

### Montrer l'« homme nu »

La rédaction de *Maigret et le client du samedi*, terminée le 27 février 1962, précède un voyage à Londres en mars. *Maigret et le clochard* et *La Colère de Maigret* sont achevés

Si l'écrivain accepte de présider en 1958 le festival du film de Bruxelles, puis en 1960 celui de Cannes (ci-contre, avec Jeanne Moreau et Federico Fellini), il ne s'implique pas davantage pour autant dans l'adaptation cinématographique de ses romans. Ainsi, lorsque Henri Verneuil, après *Le Fruit défendu*, se mêle d'adapter *Le Président* (1960) et dénature la sobre grandeur du roman, transformant la

le 2 mai et le 19 juin, avant les vacances passées à nouveau au Bürgenstock. En septembre, un voyage à Paris permet à Simenon de se documenter pour son prochain roman, *Les Anneaux de Bicêtre*, écrit du 2 au 25 octobre, c'est-à-dire durant une période plus longue que d'habitude. Dans ce

dernier roman, le directeur d'un grand journal parisien est atteint d'une thrombose qui entraîne une hémiplégie. À la faveur de son immobilité, le héros opère un retour sur lui-même qui le conduit à juger sans aménité sa vie professionnelle et privée. Étayé par une solide documentation médicale, le roman mêle à la méditation métaphysique et existentielle du héros une évocation réaliste de l'univers hospitalier perçu par le patient. Jamais peut-être Simenon n'est allé aussi loin dans sa tentative de montrer l'« homme nu ». Cette expérience du dénuement qui fait prendre conscience de la vanité d'une position sociale élevée était déjà présente, à divers niveaux, dans *Les Volets verts* (1950), *Le Président* (1958) ou *L'Ours en peluche* (1960) et sera évoquée à nouveau dans *La Prison* (1968) ou dans *Il y a encore des noisetiers* (1969).

réflexion du héros sur le pouvoir et la vieillesse en un spectacle aux allures démagogiques et poujadistes, glorifiant en la personne du Président le pouvoir d'un seul, de l'homme fort qui refuse et méprise le jeu démocratique des partis, Simenon ne se formalise pas de cette trahison. Il sait depuis longtemps que le cinéma est coutumier du fait.

« Descendre, spirale après spirale, l'escalier de l'être » : cet extrait de Bachelard figure en tête du manuscrit. Bien que l'écrivain l'ait fait disparaître de la version définitive, la citation, qui confère au titre son sens second, éclaire aussi le propos de celui qui n'a cessé de poursuivre une quête de l'homme dans ce qu'il a de plus profond. À cet égard, Simenon aurait pu reprendre à

son compte cette réflexion qu'il prête dans *Maigret voyage* au plus célèbre de ses personnages : « Toute sa vie, il s'était efforcé d'oublier les différences de surface qui existent entre les hommes, de gratter le vernis pour découvrir, sous les apparences diverses, l'homme tout nu. » Il s'agit là d'une constante de l'œuvre, qui doit être perçue avant tout comme une recherche de la condition humaine. Même dans les romans dits policiers – où Simenon n'a pas hésité à infléchir les lois du genre en fonction de cette recherche –, il importe moins de savoir qui a tué que de savoir quel homme est l'assassin, quel homme était la victime et... qui nous sommes.

### « Quand la maison est achevée, le malheur y pénètre »

Dans *Les Nolépitois*, deux êtres qui s'aiment sont séparés et se retrouvent ; en rédigeant cette nouvelle inspirée par un rêve de Denyse en janvier 1963, Simenon espère-t-il sauver son propre couple ? En mai et juin, il écrit *La Chambre bleue* et *Maigret et le fantôme* avant de passer les vacances au traditionnel Bürgenstock et d'écrire en septembre *L'Homme au petit chien*. Dès 1961, l'écrivain avait caressé le projet de faire construire une maison à sa convenance. Ce projet se concrétise par la vaste demeure d'Épalinges, dominant Lausanne, où Simenon vivra jusqu'en octobre 1972.

« Quand la maison est achevée, le malheur y pénètre », écrira Simenon à un ami. La dégradation de ses rapports avec Denyse s'accélère. Dès juin 1962,

*Le Petit Saint* raconte surtout la jeunesse, pauvre mais heureuse, d'un peintre de génie pour qui tout est sujet d'émerveillement. Le roman s'attarde sur l'enfance et l'adolescence, période de maturation à laquelle ne cessera de se référer l'artiste, dont la carrière n'est évoquée que brièvement. Ce procédé illustre la théorie de l'auteur selon laquelle l'enfance explique l'homme. De même, le héros et son créateur appréhendent pareillement la réalité : « Ma mémoire, dira l'écrivain, est celle d'un impressionniste pour qui la vibration de l'air et ses ondulations déforment les images. » La création d'un personnage aussi serein est unique dans l'œuvre simenonienne. *L'Enterrement de Monsieur Bouvet* (1950) présente certes une autre vie réussie, mais elle est basée sur la fuite et le refus, non sur l'acceptation.

celle-ci avait fréquenté une clinique psychiatrique. Son état continuant à se détériorer, elle y avait fait d'autres séjours en 1963. Elle y retourne le 21 avril 1964 pour ne plus résider à Épalinges, et les époux finiront par se séparer sans pourtant jamais divorcer. La production du romancier se ressent de ce malstrom d'amour-haine ; deux romans seulement sont écrits en 1964, *Maigret se défend* en juillet et *Le Petit Saint* en octobre. Cette année-là, Denyse n'est pas la seule à quitter Épalinges : elle insiste pour que le romancier se sépare aussi de Boule, qui se met au service de Marc et de sa famille.

**Consécration : « Œuvres complètes » pour Simenon, statue pour Maigret**

En janvier 1965, Simenon fait une chute, se fracture plusieurs côtes et est soigné par Teresa. C'est avec

La demeure démesurée construite à Épalinges (à gauche), qui convoque tous les superlatifs avec ses vingt-six pièces, ses interphones, ses vingt et un téléphones, son infirmerie, son imposante piscine, aurait dû être celle du bonheur retrouvé. « Nous y avons bâti la maison de nos rêves », écrit Simenon à Jean Mambrino le 11 janvier 1965. Ce sera celle des rêves brisés puisque Denyse n'y vivra pratiquement pas.

Ci-dessous, Simenon à nouveau photographié par Doisneau en 1962.

elle, après avoir écrit en février et mars *La Patience de Maigret*, que l'écrivain part en avril à Florence pour faire découvrir la ville à Marie-Jo, dont l'adolescence s'avérera psychologiquement difficile. Après un séjour aux Pays-Bas en mai, *Le Train de Venise* est achevé le 3 juin. Une croisière en mer Noire fait retrouver à Simenon des lieux qu'il a connus jadis, mais le cœur n'y est plus.

Après *Le Confessionnal*, terminé le 21 octobre, puis des vacances à Crans-sur-Sierre, Simenon rédige *Maigret et l'affaire Nahour*, achevé le 8 février 1966,

Le 3 septembre 1966, quatre acteurs interprètes de Maigret à la télévision ont pris place aux côtés de Simenon lors de l'inauguration de la statue du commissaire à Delfzijl : l'Anglais Rupert Davies, l'Allemand Heinz Rühmann, l'Italien Gino Cervi et le Hollandais Jan

et *La Mort d'Auguste*, le 17 mars. Le mois suivant, il montre Paris à Marie-Jo et Pierre, puis accepte en mai la publication de ses œuvres complètes par les éditions suisses Rencontre – ce qui représente pour lui une consécration, mais n'implique nullement un quelconque pressentiment d'un prochain abandon de l'écriture. Un séjour estival à Royan précède le voyage à Delfzijl où est inaugurée le 3 septembre la statue de Maigret due à Pieter d'Hont. À l'époque, les chaînes de télévision envahissent Épalinges pour consacrer des émissions

Teulings. « C'est Rupert Davies [...] que j'ai trouvé le meilleur, confiait Simenon à Fenton Bresler. Je le mettrais à égalité avec Michel Simon. [...] C'était un homme charmant et il faisait tout pour se mettre dans la peau du rôle. »

à l'auteur qui écrit encore en 1966 *Le Chat*, évocation d'un enfer conjugal terminée le 5 octobre, et *Le Voleur de Maigret*, achevé le 11 novembre.

## « Maigret hésite », ou la mise en abyme de l'œuvre

Le repos hivernal à Crans est suivi en 1967 d'un enchaînement d'obligations, notamment, en avril, une série de rencontres culturelles en Italie, signe de

Contrairement à Balzac auquel le compare son ami Renoir dans une lettre du 5 septembre 1967 (ci-dessous), Simenon boucle ses corrections le plus rapidement possible et corrige très peu ses écrits. La rédaction

omme Balzac, tu réussis à nous plonger dans une ·alité indéniable, une réalité résultant de ton on d'observer la vie sans t'arrêter à la surface

l'importance intellectuelle que lui accordera toujours ce pays. C'est du monde entier pourtant que Simenon reçoit un important courrier admiratif, curieux, critique ou importun. Il répond patiemment à chaque lettre, aux questions sur la narrativité d'un docte professeur norvégien comme à la naïve admiration d'une adolescente californienne ou d'un ouvrier marseillais. C'est donc le 27 juin seulement qu'est terminé *Le Déménagement* avant des vacances d'été à Vichy qui inspirent *Maigret à Vichy*, achevé le 11 septembre. C'est le moment où la télévision va populariser davantage encore le commissaire en diffusant le

Le Voleur de Maigret

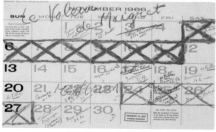

14 octobre le premier épisode de la série des « Maigret » avec Jean Richard dans le rôle-titre. Simenon, pour sa part, boucle *La Prison* le 12 novembre, achève la rédaction de *Maigret hésite* le 30 janvier 1968 et le 29 avril, celle de *La Main*. Le romancier applaudit en mai l'action étudiante, puis se remet au travail : le 24 juin est terminé *L'Ami d'enfance de Maigret* et, le 13 octobre, *Il y a encore des noisetiers*, alors que les vacances d'été ont eu pour cadre La Baule.

Le principal intérêt de *Maigret hésite* réside dans les discussions entre le héros et le commissaire au

elle-même connaît un rythme pour le moins soutenu : un chapitre par jour, de bon matin. En témoignent les calendriers de ses romans (ci-dessus, celui du *Voleur de Maigret* et son plan préparatoire) où les croix bleues et rouges correspondent aux dates d'écriture et de révision.

Impressionnant et ingénieux, ce montage photographique réalisé par *Paris-Match* en juin 1970 ! Simenon semble y passer en revue divers interprètes de Maigret. Encore ne sont-ils pas tous ici... Il découvre ainsi successivement Pierre Renoir, Heinz Rühmann, Gino Cervi, Jean Richard, Jean Gabin, Albert Préjean, Michel Simon, le Russe Boris Tenine, Jan Teulings, Harry Baur et Charles Laughton.

Les traductions témoignent du succès universel du plus célèbre des personnages de Simenon, devenu mythique. Dès le début des années 1930, les premiers « Maigret » parus chez Fayard furent traduits aux États-Unis, en Angleterre, en Italie – qui avait déjà traduit des romans populaires des années 1920 –, en Espagne, en Norvège, au Portugal et au Japon. En 1939, des traductions de Simenon existent en dix-huit langues. L'estimation actuelle est d'une soixantaine de langues.

sujet de l'article du code pénal qui traite de la responsabilité des criminels. Ces entretiens laissant entendre que l'auteur du meurtre n'est pas coupable prolongent certaines conversations entre Maigret et son ami, le docteur Pardon, dans *Maigret tend un piège* (1955) ou *Une confidence de Maigret* (1959) par exemple. Ils font du roman la « mise en abyme » d'une bonne partie de l'œuvre où est souvent posé le problème de la responsabilité en matière criminelle, comme en témoignent notamment *Les Scrupules de Maigret* (1958) et *Maigret et le tueur* (1969). *Maigret hésite* n'est pas le seul roman de Simenon où la police, avertie d'un meurtre imminent, ne parvient pas à l'éviter; cette carence jalonne l'œuvre, de *L'Affaire Saint-Fiacre* (1932) à *La Folle de Maigret* (1970), en passant par *Signé Picpus* (1944), *Maigret et son mort* (1948) et *Les Scrupules de Maigret.*

Les notes préparatoires concernant les personnages de *Victor* (ci-dessous) laissent à jamais le témoignage de la fin de carrière du romancier.

### Maigret, encore et toujours...

Après avoir terminé *Maigret et le tueur* le 21 avril 1969, Simenon rend visite à sa mère malade dans la maison de repos de Fouron-le-Comte,

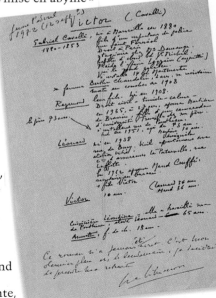

près de Liège, où elle a été admise l'année précédente. Il achève *Novembre* le 19 juin, avant de reprendre le chemin de Fouron-le-Comte en août et de mettre la dernière main à *Maigret et le marchand de vin* le 29 septembre. *Le Riche Homme* est terminé le 9 mars 1970 ; *La Folle de Maigret*, le 7 mai ; *La Disparition d'Odile*, le 4 octobre. Henriette Simenon meurt le 8 décembre à l'hôpital de Bavière, alors que son fils est à son chevet depuis plusieurs jours. Après le traditionnel séjour à Crans-sur-Sierre, *Maigret et l'homme tout seul* est achevé le 7 février 1971 ; puis viennent *La Cage de verre* le 17 mars, *Maigret et l'indicateur* le 11 juin et *Les Innocents* le 11 octobre, suivant des vacances d'été à La Baule.

De tous ces interprètes de Maigret, au cinéma puis à la télévision, Simenon dira : « Jean Richard est [...] franchement le pire. » (De gauche à droite, Harry Baur, Charles Laughton, Michel Simon, Jean Gabin, Jean Richard, Bruno Crémer, et ci-dessous, le Maigret japonais, Kinya Aikana.)

### ... jusqu'au dernier

Quand il termine, le 11 février 1972, *Maigret et Monsieur Charles*, Simenon vient de rédiger l'ouvrage marquant la fin de sa prolifique production romanesque : cent quatre-vingt-douze romans et cent cinquante-cinq nouvelles signés de son nom. Le 18 septembre, voulant entreprendre *Victor*, il se rend dans son bureau où il prend des notes sur une traditionnelle enveloppe jaune. Il ne commencera jamais la rédaction du roman, et le lendemain, il annonce à Teresa sa décision de ne plus écrire. Peu après, il fait supprimer sur ses papiers d'identité sa profession de romancier.

La femme est au centre de la recherche humaine à laquelle s'est livré Simenon, tout comme elle occupe une position primordiale dans sa vie et son univers. Lors des voyages des années 1930, il braque partout sur elle son objectif, qu'il s'agisse de travailleuses de Charleroi (ci-contre) ou de filles faciles de Guayaquil (ci-dessous). De même, ses photos fixent le souvenir de jolies Slaves d'Odessa, d'Africaines à la fascinante beauté altière ou d'envoûtantes Tahitiennes.

En posant la dernière pierre de son imposant édifice romanesque, ce prodigieux raconteur d'histoires est-il conscient d'avoir bâti un univers imaginaire hors du commun par son étendue et sa profondeur, un univers où chaque roman répond à un autre à la façon d'un écho prolongé à l'infini ?

**Un théâtre d'ombre et de lumière**

L'univers de Simenon, c'est celui de la fuite, de la marginalité, du drame, du suicide, du meurtre ; c'est un espace tragique où les humiliés côtoient les offensés ; c'est le domaine du malaise, du vide intérieur, de la solitude, des échappatoires.

L'univers de Simenon, c'est celui de protagonistes qui vont jusqu'au bout d'eux-mêmes, un théâtre d'ombre et de lumière où la chute avoisine parfois la rédemption, un monde où le héros, dépouillé de sa façade sociale artificielle, apprend, parfois au prix de sa vie, que « le métier d'homme est difficile ».

L'univers de Simenon, c'est, nouvelle Anabase, celui de ces dix mille… personnages enfantés dans la douleur de la création, depuis le plus modeste d'entre eux jusqu'au plus illustre, ce commissaire

❝Au fond, à part deux exceptions, je n'ai jamais été ce qu'on appelle d'habitude amoureux d'une femme déterminée. J'étais amoureux de toutes, curieux de toutes.❞
*La Femme endormie*

Maigret, notre prochain, ce policier des âmes, avec ses défauts et ses qualités, avec son intuition, sa morale de la compréhension, son sens inné de la justice immanente et sa manière d'enquêter qui semble calquée sur la façon d'écrire de son créateur, ce Maigret auquel l'écrivain a fini par ressembler.

L'univers de Simenon, c'est celui de l'inconscient, inconscient des personnages et d'un créateur qui proclame que tous ses romans sont des fantasmes de son enfance. C'est enfin le monde où le romancier nous entraîne, en un perpétuel mouvement du réel à l'imaginaire, du souvenir à la (re)création, du terreau fécond d'Outremeuse aux collines du Connecticut, des rues à arcades de La Rochelle aux lagons polynésiens, des bouges de Fécamp à ceux de Panamá, des brumes du Nord à l'éclat méditerranéen, de la pluie nivernaise à celle de Buenaventura, du pétillant soleil ligérien à celui, écrasant, de l'Arizona, du quai des Orfèvres au boulevard des Batignolles, de la quiétude feutrée du Marais à la fièvre des Grands Boulevards… Lieux de la mémoire devenus, par une étrange alchimie, lieux de notre mémoire mentale et livresque.

De sa naissance au bord de la Meuse à sa mort sur les rives du lac Léman, la vie de Simenon est imprégnée d'eau. Faut-il rappeler son rêve de jeunesse concrétisé par ses bateaux, le *Ginette* et l'*Ostrogoth*? Présent dans ses romans sous de multiples formes, de la pluie aux canaux, de la mer aux larmes, l'élément liquide fait de la plupart d'entre eux des histoires d'eaux. Aussi cette photo prise par l'écrivain dans le port de Concarneau au début des années 1930 est-elle emblématique d'un motif dominant de l'œuvre, voire du plus marquant.

La décision de 1972 d'abandonner l'écriture romanesque n'est pas un refus de s'exprimer : à partir de l'année suivante, Simenon enregistre devant un magnétophone des textes de souvenirs et de réflexions qui constitueront les vingt et un volumes de *Dictées* et la matière d'une *Lettre à ma mère*. Pour des raisons d'ordre privé, il se met ensuite à écrire en 1980 ses *Mémoires intimes*, le plus long de ses ouvrages. S'établit alors un long silence jusqu'à sa mort, en 1989.

**CHAPITRE 5**

# RETRAITE

Même si le romancier est retraité, ses œuvres continuent à être adaptées au cinéma, parfois de manière excellente, comme avec *Équateur* (1982) de Gainsbourg, adaptation du *Coup de lune*, voire exemplaire avec *Les Fantômes du chapelier* (1981) et *Betty* (1991) de Chabrol qui respectent l'esprit et la lettre de Simenon.

## « Dictées » dans la « petite maison rose »

La décision d'abandonner l'écriture s'accompagne d'une autre : celle de quitter la maison d'Épalinges : le 27 octobre 1972, Simenon s'installe avec Teresa et son fils Pierre au huitième étage d'une tour de Lausanne, au n° 155 de l'avenue de Cour, avant d'occuper, le 6 février 1974, une maison située au pied de la tour, au n° 12 de l'avenue des Figuiers. Cette habitation, qu'il appelle sa « petite maison rose », sera son dernier domicile.

La carrière du romancier s'est donc terminée en 1972, mais peut-on renoncer à s'exprimer quand on s'appelle Simenon ? Le 13 février 1973, à soixante-dix ans et un an après *Maigret et Monsieur Charles*, il commence à enregistrer des réflexions inspirées par sa vie quotidienne, l'actualité ou ses souvenirs. Jusqu'au 19 octobre 1979, il se livre ainsi de manière intermittente, n'écrivant plus, mais parlant. Ces propos ont été publiés en vingt et un volumes sous le titre général *Mes dictées*. La critique a souvent été dure envers ces textes parfois répétitifs et exprimés sans grand souci esthétique, au sujet desquels Angelo Rinaldi a pu parler du « niveau zéro de la pensée ». En réalité, il faut prendre les *Dictées* pour ce qu'elles sont : un « document humain » (Maurice Piron) où un homme veut montrer ce qu'il est. On y voit Simenon s'élever contre le nationalisme, le patriotisme, le capitalisme, la bureaucratie, l'autorité, les institutions, la papauté, le mariage, la technologie ou l'industrialisation : bref, on prend conscience, à la lecture de ces volumes, de l'existence d'un Simenon anarchiste non violent. En avril 1974, dans *Lettre à ma mère*, il tente de définir les rapports ambigus qu'il a entretenus avec elle.

Si l'écrivain ne revient plus dans sa ville natale, il lègue à l'université de Liège, le 8 juin 1976, ses archives littéraires, qui forment aujourd'hui le Fonds Simenon. Ce legs est dû à l'action du professeur Maurice Piron : sur sa proposition, Simenon était devenu le 22 mai 1973 docteur

**« Nous ne nous sommes jamais aimés de ton vivant, tu le sais bien. Tous les deux, nous avons fait semblant. »**

*Lettre à ma mère*

« JE N'ÉCRIRAI PLUS »

La presse annonce
au monde entier
la décision de 1972.
Même après cette date,
Simenon, qui a toujours

Fellini interviewé par
Simenon sur son
Casanova

entretenu les meilleurs
rapports avec les
journalistes, considérés
comme des confrères,
ne refuse jamais d'être
interviewé, fût-ce dans
sa « petite maison
rose » (ci-contre).
En 1977, *L'Express*
organise notamment
une rencontre entre
Fellini et Simenon, qui
s'estiment frères. Au
cours de cet entretien
paru le 21 février,
Simenon lâche : « J'ai
eu 10 000 femmes
depuis l'âge de 13 ans
et demi », déclaration
qui fera aussi le tour du
monde. On retiendra
moins que l'écrivain y
confie avoir pleuré en
voyant *Casanova*, ou
encore cette phrase :
« Ce n'est pas parce
qu'on cherche un
contact humain qu'on
le trouve. On trouve
surtout le vide. »

*honoris causa* de l'université, les deux hommes s'étaient rencontrés, appréciés et un Centre d'Études Georges Simenon avait été créé.

### Vivre avec Simenon

Durant cette période, Simenon ne s'éloigne guère de Lausanne. Il passe souvent ses vacances dans une maison de repos proche de Montreux ou à l'hôtel du Débarcadère de Saint-Sulpice, non loin de chez lui, exception faite, en 1976, d'un séjour au Royal-Palace d'Évian, de l'autre côté du lac. Quelques problèmes de santé le troublent sans doute moins que la parution, en 1978, d'*Un oiseau pour le chat*, un livre polémique dans lequel Denyse raconte – ou fait raconter – à sa façon sa vie avec l'écrivain.

La vieillesse de Simenon est plus ébranlée encore par le suicide de sa fille, qui met fin à ses jours à

Paris le 19 mai 1978. Ce suicide et l'attaque portée par Denyse amènent Simenon à reprendre la plume – oui : la plume, lui qui s'est toujours voulu un adepte de la machine à écrire ! – en février 1980 et à rédiger pendant presque un an ses *Mémoires intimes*, publiées à la fin de 1981.

« J'ai couru après un rêve que je savais impossible : je me sentais « femme » pour toi, mon but de « devenir » n'était que par rapport à toi. Te retrouver plus jeune, jeune homme

Cet ouvrage autobiographique retraçant la vie familiale et privée de l'auteur n'est pourtant pas seulement une œuvre de circonstance. Outre le Simenon époux et père attentionné envers ses enfants, on y découvre un homme amoureux de la vie sous toutes ses formes, un homme à la curiosité insatiable, aux activités inlassables, à l'appétit démesuré, au point que l'on se demande où il a pris le temps d'écrire tellement. Même si ce qui est raconté par le mémorialiste ne correspond pas toujours à une vérité objective, le document est exceptionnel dans la mesure où Simenon, qui se voulait « un homme comme un autre », entend se montrer dans toute sa vérité, tel qu'il se croit être.

d'avant ma naissance, ou petit garçon que j'aurais conçu. J'aurais pu me reconnaître en toi, m'épanouir dans le reflet de tes yeux. « Save me Daddy » – I'm dying [...]. »
Marie-Jo, la fille de Simenon, en 1978

Cependant, la part d'ombre qui entoure le « mystère Simenon » ne disparaît pas avec les *Mémoires intimes* : certes, l'homme s'explique sur son comportement, mais son moi profond, avec ses obsessions et ses fantasmes, se révèle davantage au lecteur des romans qu'à celui de l'autobiographie. De plus, celle-ci ne permet en aucune façon de comprendre en quoi l'homme se double d'un romancier exceptionnel. Simenon eût-il consacré une telle somme à expliquer comment, près de deux cents fois, il a créé des histoires « où se reconnaît l'humanité » entière, peut-être

*samedi 15 février 19*

*Ma toute petite fille.*

*Je sais bien que tu es morte et pourtant ce n'est pas la première fois que je t'écris. Tu aurais voulu t'en aller discrètement ...*

aurions-nous eu la chance de percer du même coup « l'un des secrets de cette force mystérieuse qui s'appelle le génie » (Maurice Piron). Mais l'écrivain était-il capable d'un tel détachement par rapport à son œuvre, d'une telle analyse de son acte créateur ?

### « Enfin, je vais dormir »

Peu avant la sortie des *Mémoires intimes* paraît un autre ouvrage pamphlétaire de Denyse, *Le Phallus d'or*, signé Odile Dessane. Cette fois, son mari se tait : la postérité jugera et ses *Mémoires intimes* seront son testament public, « la plus belle des biographies qu'on écrira jamais sur Simenon » (Paul Mercier).

Alors que Renoir, dans sa dernière lettre du 17 mars 1978, insiste sur leur « commune amitié », Simenon tente de définir ce qu'il éprouve pour Teresa : « Je cherche le nom à donner au contraire du mot solitude. J'aimerais en trouver un qui ne soit pas le mot amour, par trop galvaudé et trop incomplet. [...] On vit ensemble tous les

> Je demande beaucoup de choses à Dieu, mais je suis incapable d'atteindre l'égalité entre toutes ces prières. Il y a toujours, quand je pense à notre destinée humaine, un article qui surnage. C'est celui de notre commune amitié.

Rien ne dit pourtant que, le livre publié, l'écrivain retrouve sa sérénité, ne fût-ce que partiellement.

Le 17 décembre 1984, il est opéré avec succès d'une tumeur au cerveau. On ne sait comment il réagit, l'année suivante, au décès de Tigy, morte le 24 juin. Sa propre santé, cependant, se détériore : en 1987, il doit se résoudre à se déplacer en fauteuil roulant. C'est le début de la fin ; une vie tourbillonnante se clôt dans un repli sur soi-même. Le 4 septembre 1989, la main dans celle de Teresa, Simenon lui murmure : « Enfin, je vais dormir », le dernier mot, avant l'éternel silence, de celui qui en a tant écrit. Ses cendres rejoindront celles de Marie-Jo sous le grand cèdre du jardin, alors qu'éclate dans le monde entier, en guise d'éloge funèbre, un étonnant concert unanime de louanges médiatiques.

moments de la journée et de la nuit. On pourrait presque se passer de parler car chacun a compris avant que l'autre ait ouvert la bouche. N'être plus seul au monde ! » (*Un homme comme un autre*)

Prise par Daniel Filipacchi dans une rue du quartier d'Outremeuse lors du bref séjour à Liège de mai 1952, cette photographie suggère la permanence de l'esprit d'enfance chez l'adulte à laquelle Simenon était très sensible.

**"**Je sais, comme tout le monde, que c'est de l'enfance et de l'adolescence que nous tirons le principal de notre acquis. Mais, en ce qui me concerne, ce ne sont pas tant les souvenirs qui comptent. En réalité, je suis resté, à soixante-dix ans, le petit garçon et l'adolescent que j'ai été, et je continue à penser, à sentir, à comprendre comme un petit garçon. [...] Certes, j'ai de multiples souvenirs d'enfance, d'une précision peut-être assez exceptionnelle. Mais ce ne sont pas ces souvenirs-là qui comptent : c'est l'être que je suis resté. [...] L'important, à mes yeux, c'est que je ne sois jamais devenu une grande personne et que mes réactions soient les mêmes que lorsque j'avais moins de quinze ou seize ans. [...] À soixante-dix ans j'agis, je pense, je me comporte comme l'enfant d'Outremeuse.**"**

*Un homme comme un autre*

# TÉMOIGNAGES
# ET DOCUMENTS

114
**« J'écrirai mon premier vrai roman à 40 ans »**

118
**De Max Jacob à Federico Fellini**

122
**Débuts de romans**

126
**Extraits des « Dictées »**

130
**Géographie des romans**

134
**Bibliographie**

135
**Table des illustrations**

139
**Index**

143
**Crédits photographiques**

# « J'écrirai mon premier vrai roman à 40 ans »

*Très touché par deux lettres consécutives d'André Gide dans lesquelles celui-ci exprime son intérêt et sa curiosité pour une œuvre qui suscite son admiration, Simenon répond, en janvier 1939, par une longue lettre-confession, où il fait état de son apprentissage de l'écriture romanesque. On en trouve le prolongement dans la plupart de ses lettres écrites après 1945 et son installation aux États-Unis.*

**« Écrire le roman de ceux qui vivent et ne pensent pas »**

[Nieul-sur-Mer,
mi-janvier 1939]

Mon cher Maître et grand ami,

[…] Est-ce que le seul terrain défendu de la connaissance n'est pas soi-même ? C'est souvent ma pensée, en tout cas, et c'est ce qui fait que souvent je triche avec moi-même. Je fais semblant de ne pas savoir pour ne pas défier le destin.

[…] À douze ans, je voulais être prêtre ou officier – le seul moyen, me semblait-il, d'écrire tout en gagnant sa vie. Je finirais Xavier de Maistre et Massillon.

À seize ans j'annonçais en traversant le pont des Arches une nuit de brouillard : à quarante ans je serai ministre ou académicien (il n'en a jamais été question, bien entendu).

Et depuis l'âge de dix-huit ans, je sais que je veux être un jour un romancier complet et je sais que l'œuvre d'un romancier ne commence pas avant quarante ans au bas mot – je dis d'un romancier et non d'un poète.

Dès cet âge-là j'ai choisi ma voie, en toute connaissance de cause, d'accord avec ma femme qui seule a connu cette progression régulière.

D'abord le métier. *Gâcher du plâtre.* Je me suis donné dix ans pour cela. Au début, il m'arrivait, après journée, c'est-à-dire après mes romans populaires, que j'écrivais à la cadence d'un par trois jours, de *me mettre en transes* et d'écrire un conte ou une nouvelle. Je n'ai jamais essayé de les publier. J'en ai de pleins dossiers. Je savais ce qu'il y manquait. Et je savais ce que je voulais faire un jour – *ce que je n'ai pas encore fait.*

Je me permets de vous adresser ci-joint une petite nouvelle de cette époque, « M. Gustave », que je vous demande de me retourner car c'est un souvenir. Vous verrez que j'étais déjà hanté par un problème que je poursuis toujours : les trois dimensions – le passé, le présent et l'avenir nouant étroitement une seule action – avec une densité d'atmosphère et de vie complète que je n'atteignais pas et que je n'ai pas atteinte encore.

[…] [Ces nouvelles] m'ont montré ce qui me manquait. Entrer dans la peau de *n'importe quel homme.* Certains m'étaient perméables, d'autres pas. Et tandis que dans mes romans populaires (je me demande comment ils ont été acceptés) je m'ingéniais à apprendre ici le dialogue, là tel raccourci, là tel genre d'action… je me promettais que la seconde étape serait d'apprendre à vivre.

J'ai attendu près de dix ans. Pour vivre beaucoup de vies, très vite, il me fallait beaucoup d'argent.

À vingt ans j'avais écrit : – Je publierai mon premier roman à trente ans.

À trente ans je décidais : – Je vais écrire pour vivre, pour apprendre la vie, des romans semi-littéraires et j'écrirai mon premier vrai roman à quarante ans.

J'en ai trente-six aujourd'hui. Je suis un tout petit peu en avance, mais pas tant qu'il y paraît car je suis encore loin du compte.

La formule policière me permettait de toucher et le grand public et l'argent – et d'étudier mon métier dans les conditions les plus faciles c'est-à-dire avec un *meneur de jeu*.

Troisième période. Après dix-huit romans policiers, j'en suis las – je me crois plus fort et je supprime le meneur de jeu, soit Maigret. Ce sont : *Le Coup de lune*, *L'Âne-Rouge*, *Les Gens d'en face*, *Le Haut Mal*, etc.

Mais je suis encore dans un cadre étroit. J'ai besoin de *support* ; d'une grosse action. Je ne peux retenir l'attention que par une histoire dramatique.

*Et surtout je n'arrive à porter qu'un personnage à la fois !* Je crois que c'est ici la clé de tout mon effort et, parfois, de préférences qui peuvent paraître étranges. Avant d'écrire les grands romans que je me propose d'écrire, je *veux* être en pleine possession de mon métier et j'imagine mal Sébastien Bach ayant à lutter contre des questions techniques. Or, elles sont aussi complexes pour le roman (à mon sens) que pour la musique ou la peinture. On

dit en peinture *qu'un bras ne vit pas.* Il y a tant de bras et même de têtes qui ne vivent pas en littérature.

[…] Je m'emballe. Je parle ex-cathedra, mais c'est toute ma vie que je défends de la sorte, car si j'ai tort je l'ai perdue. j'ai perdu en tout cas les dix ans pendant lesquels, avec le roman populaire, j'ai eu l'illusion d'apprendre mon métier de gâcheur de plâtre – et les dix autres années ou presque pendant lesquelles j'ai voulu vivre coûte que coûte *toutes les vies possibles.*

Pour ne pas faire de documentaire. Pour ne pas avoir à étudier le personnage qui me manque. Pour qu'au moment voulu, dans mon bureau, dix personnages pour un soient là le moment venu.

Et surtout pour ne pas les avoir *observés*. J'ai horreur de l'observation. Il faut *essayer*. *Sentir*. Avoir boxé, menti, j'allais écrire volé. Avoir tout fait, non à fond mais assez pour comprendre.

[…] Il y a un mot qui nous est familier à ma femme et à moi : « me mettre en transes ».

C'est-à-dire me neutraliser d'abord, oublier tout mon moi, tous mes soucis pour trouver soudain, dans le fatras du souvenir, le personnage qui va m'intéresser. Cela dure quelquefois une heure, quelquefois deux jours, selon les tracas du moment, le climat, etc. Plus vite l'hiver que l'été, je ne sais pas pourquoi.

Le roman peut commencer car je pars sur un minimum d'action. Mais la difficulté c'est, pendant le nombre de jours que durera l'action, de rester *dans le bain.*

Plus de vie intérieure ni extérieure. Rien qu'une vie physique. Et, du matin au soir, la hantise, avec de rares oasis que sont les parties de cartes qui *neutralisent.*

Une sorte d'abrutissement volontaire, intégral.

Encore un mot du ménage : *l'État de Grâce*. Y rester, coûte que coûte. Si je suis parti sur un air de Bach, il faut qu'on me le joue chaque jour à la même heure. Rien ne peut plus changer dans l'ordonnance des journées. Le moindre imprévu risque de flanquer tout par terre. Plus de courrier ni de téléphone.

Deux heures seulement, le matin, à jeun, pour écrire. Mais la discipline, la manie le reste du temps.

[…] Sacrebleu ! je me crève depuis des années à essayer de faire dire un mot juste à un fermier, à un pêcheur, à n'importe qui. Il m'aurait été facile de faire parler des gens comme moi. Le personnage compliqué est le plus facile puisque l'écrivain, étant a priori compliqué, le sent et le comprend mieux que n'importe quel autre.

Mais écrire le roman de ceux qui vivent et ne pensent pas - ce que nous appelons penser !

[…] Le roman commencé, je suis mon personnage, je vis sa vie. Je travaille deux heures par jour. Je vomis encore comme à mes débuts quand j'écrivais M. Gustave. J'en suis abruti et *vidé*. Je dors. Je mange. J'attends le moment de me replonger dans le bain.

C'est tout.

Après, il m'est impossible de changer une page. On me l'a assez reproché. J'aurais voulu, moi aussi, être capable de fignoler. Mais, comme je ne sais pas comment c'est fait, je sais encore moins comment ça peut se réparer.

C'est réussi ou raté. Mais c'est comme ça et je n'y peux rien.

[…] La preuve c'est qu'un roman fini j'oublie jusqu'au nom des personnages et que je n'en garde que quelques visages - comme le lecteur sans doute.

L'intelligence me fait, m'a toujours fait horriblement peur. Il m'arrive de penser que c'est par vengeance que les dieux l'ont donnée à l'homme. Je m'en méfie, j'essaie de sentir plutôt que de penser. Ou plutôt de penser avec… (?) et voilà ! Je serais bien en peine de dire avec quoi ! Un tableau de Rembrandt, de Renoir… Une petite pièce pour clavecin ou pour violon que Bach *pissait* pour apprendre la musique à ses enfants.

Vous voyez combien c'est vague, encore informe. Et que j'ai besoin encore d'années et d'années pour mettre tout cela au point […].

*Georges Simenon André Gide,*
*… sans trop de pudeur. Correspondance*
*1938-1950*, Omnibus, Paris, 1999

### « Je ne cherche, au fond, que l'homme tout nu »

Tucson – Arizona
Lundi 29 mars 1948

Mon cher Maître,

[…] J'ai terminé il y a juste une semaine mon roman sur le titre duquel j'hésite encore. J'avais écrit : *La Neige sale*. Cela me paraît trop romantique. Je crois que je me déciderai pour *M. Holst*. Trois cents pages dactylographiées. Donc un *long* roman. Mais est-ce un grand roman ? Une fois encore j'y suis pas à pas un personnage principal et je me rends compte que, ce faisant, je décourage beaucoup de ceux qui veulent bien me faire confiance. Mais c'est plus fort que moi. Il m'arrive de commencer autrement et de bifurquer tout de suite. Mon seul essai, en somme, a été justement *Le Testament Donadieu* et, justement, à cause de ça, je l'ai toujours considéré comme un roman raté. Me permettez-vous d'essayer de m'expliquer à ce sujet – je sais que mes explications sont toujours un peu confuses, un peu naïves, mais j'aimerais essayer de faire le point. Je l'avais déjà essayé dans un numéro de *Confluences* consacré au roman. Je distinguais, comme tout le monde sans doute, dans le domaine du roman pur (non didactique, non philosophique, historique, etc.) deux tendances : le roman-chronique et le roman-crise. Le roman-chronique à la façon de Proust, de Zola, de Martin du Gard, des

Américains du début du siècle (Dreiser, etc.) et le roman-crise qui, à mon avis, se rapproche davantage de la tragédie, à la façon de Steinbeck et de tant d'autres (dont assez peu de Français). Mais tout cela doit avoir déjà été dit et si je ne le sais pas c'est que je ne lis pas les revues. Or, si j'ai toujours rêvé d'écrire un roman-chronique – et si tous les critiques m'y poussent – je ne m'y sens pas à l'aise. J'éprouve inconsciemment le besoin de ramasser, de concentrer,

de pousser tout de suite mon ou mes personnages au paroxysme. Peut-être par faiblesse ? Peut-être aussi parce que le roman-chronique est fatalement un roman d'époque, un roman de « mœurs », et que cela ne m'intéresse pas, que je ne cherche, au fond, que l'homme tout nu, malgré la fameuse atmosphère, qui est d'ailleurs aussi indifférente au temps que possible.

J'ai l'air de plaider, mon cher Maître, mais je ne fais en réalité que chercher. Et justement – on me le reproche aussi –, si je prends des hommes très quelconques, c'est que pour moi ils représentent davantage *l'homme* qu'un normalien, un général, un dictateur, un savant, un génie quelconque. Et si mes personnages *ratent*, c'est que l'homme rate, fatalement. Il rate consciemment ou inconsciemment. C'est même à mes yeux, le seul drame : la disproportion entre ce que l'homme voudrait, pourrait être, entre ses aspirations et ses possibilités. [...] La seule issue, c'est la sérénité – ou la sainteté. Et je n'y suis pas encore. J'ai cependant hâte de connaître vos réactions à la lecture du dernier roman écrit et, si vous le permettez, je demanderai à Nielsen de vous en envoyer un jeu d'épreuves, comme le faisait Gallimard.

[...] Au cas – je ne l'ose pas l'espérer – où vous aimeriez vraiment ce livre, je vous demanderais la permission de vous le dédier. C'est une chose que je n'ai jamais faite – sauf pour les toubibs qui m'ont rassuré quand j'ai cru que mon cœur flanchait. C'est peut-être passé de mode. Ce serait pourtant un honneur pour moi – et une joie sentimentale – d'écrire votre nom en tête d'un de mes livres. J'attendrai pour cela que l'un d'eux soit à point... Et que vous me le disiez [...].

*Ibidem*

# De Max Jacob à Federico Fellini

*Retenus parmi des milliers de lettres reçues tout au long de sa carrière par Simenon, ces affectueux témoignages expriment certes l'admiration, mais caractérisent en même temps l'art du romancier tel qu'il est ressenti par d'autres créateurs. Quand Mac Orlan évoque la « poésie humaine » de l'œuvre ou quand Martin du Gard voit en Simenon « un fastueux vagabond », ils apportent une fois de plus la preuve que l'artiste est le mieux placé pour apprécier un autre artiste.*

### Max Jacob, 13 avril 1933

Monsieur,
Ne me croyez pas grand clerc en littérature. Je n'ai jamais pu savoir à quoi l'on reconnaît un roman bien fait (comme on dit) d'un roman mal fait. Le dernier livre que vous publiez me plaît énormément comme tout ce que vous publiez. Je retrouve le même enthousiasme qui, il y a deux ou trois ans, me fit vous prôner partout et vous faire lire autour de moi. Ce qui me plaît en vous c'est « l'homme dans la foule », cette manière unique de voir l'être dans la fourmilière humaine, qui ne peut venir que d'un très grand esprit, supérieur encore à son ouvrage, pour grand que soit celui-ci.

Je me suis beaucoup informé de vous : on m'a dit que vous étiez de haute stature, qu'après un traité, devenu riche, vous aviez acheté deux autos au lieu d'une, loué deux appartements au lieu d'un et que vous étiez toujours en voyage. Je ne sais de quoi vous louer. J'ai admiré que vous ayez campé toute la Bretagne en quelques lignes (et je la connais à fond) mieux que tous les pseudo-Loti en cent volumes. J'admire la sobriété colorée et forte de vos descriptions, votre goût, votre compréhension du détail expressif, votre documentation juste, la réalité et le réalisme de vos livres que l'on coudoie dans la rue, rue dont vous faites du pathétique, pathétique contenu souvent dans un petit silence, un petit regard, etc. Je ne suis pas un critique mais j'aime à admirer et plus encore à dire que j'admire.

Merci de m'avoir envoyé ce nouveau et beau livre. Votre dédicace est un événement dans ma vie et un événement heureux. Ils sont rares pour moi. Merci et croyez-moi votre lointain « ami ».

« Simenon », *Cistre essais*, n° 10, L'Âge d'Homme, Lausanne, 1980

### Émile Henriot, 26 mars 1937

Eh bien, Monsieur et cher confrère, vous pouvez vous vanter de choisir vos adverbes, dans vos dédicaces ! « À Émile Henriot – Timidement… », quand vous m'envoyez un chef-d'œuvre ! – Ce n'est pas la première fois que je vous lis : mais *Le Testament Donadieu*, il y a longtemps que je n'ai eu un pareil livre entre les mains – et, toute affaire cessante, articles en retard, et nuit sans sommeil, il m'a fallu poursuivre ma lecture sans arrêt, avec un intérêt, une excitation, et une admiration sans réserve. Cette rapidité de récit, cette variété de personnages, cette exactitude de détails, cette création, ce secret suspendu, ces paysages, cette atmosphère, ce romanesque, cette vérité, cette alacrité, et cet esprit, en outre : je suis sous le charme, quoique vos héros ne soient pas charmants. Et vous êtes intimidé, en m'offrant à lire ce livre parfait ? Ne sauriez-vous donc pas ce que vous faites ? Quand vous êtes un merveilleux conteur, et un maître romancier ? Laissez-moi vous dire merci de m'avoir envoyé ce beau et riche livre, et vous dire ma sincère admiration et ma particulière sympathie. […]. Je serais heureux de vous connaître un jour, de parler avec vous de votre art, de vous demander vos secrets.

En attendant, mon cher confrère, permettez-moi de vous serrer la main, et Croyez, je vous prie, à mes sentiments de complète sympathie, et à ma vive gratitude.

*Ibidem*

## François Mauriac, 23 avril 1937

Cher Georges Simenon,
Je ne saurais dire combien votre lettre me touche : vous avez l'humilité des grands talents. Il suffit de jeter les yeux sur les romans de Robert Brasillach pour comprendre ce qu'il déteste en vous : tout ce qu'il n'a pas, le don de créer des êtres vivants dans une atmosphère vivante.

Je ne vous ferai pas de phrases : je crois que je connais presque toute votre œuvre. Je ne vous ai jamais beaucoup apprécié au point de vue policier, mais dans beaucoup de vos romans policiers j'ai aimé un don qui se manifeste

magnifiquement dans *Le Testament Donadieu*. Toute la première partie me paraît *admirable*. Vous avez à travailler beaucoup, non pas votre style au sens profond (vous avez le « style ») mais du point de vue « correction », quand ce ne serait que pour décourager les chercheurs de poux.

Je vous serre bien cordialement la main.

*Ibidem*

## André Gide, 31 décembre 1938

[…] Vous obéissez, en écrivant, à un instinct des plus sûrs et des mieux éduqués ; la justesse des notations, du ton des dialogues, des moindres propos ; et jamais d'insistance inutile ; vous passez outre : tant pis si le lecteur n'a pas compris.

Mais ce que je voudrais dire, précisément, dans mon article, c'est le curieux malentendu qui s'établit à votre sujet ; vous passez pour un auteur populaire et vous ne vous adressez nullement au *gros public*. Les sujets mêmes de vos livres, les menus problèmes psychologiques que vous soulevez, tout s'adresse aux délicats ; à ceux qui, précisément, pensent, tant qu'ils ne vous ont pas encore lu : « Simenon n'écrit pas pour nous. » Et, dans mon article, je voudrais leur dire qu'ils se trompent. Mais je me sens encore trop abruti, trop obtus, pour exposer cela comme il faudrait. En tout cas, et en attendant, persuadez-vous que vous n'avez pas de lecteur plus attentif et plus épris.

*Georges Simenon André Gide,
… sans trop de pudeur. Correspondance
1938-1950*, Omnibus, Paris, 1999

## Roger Martin du Gard, 9 août 1945

Cher Monsieur, revenu chez moi, j'inventorie mes souvenirs, et je songe avec gratitude à la bonne soirée que je vous dois. Je désirais depuis longtemps comparer l'homme à l'œuvre. Je les confonds maintenant dans une même sympathie. L'un éclaire l'autre, et l'authentifie. Je sais que vous êtes un fastueux vagabond, mais je veux espérer que nos relations ébauchées l'autre soir n'en resteront pas là, et qu'à votre retour en France vous me laisserez faire naître des occasions de vous revoir.

Je vous souhaite beau et profitable voyage, bon travail, et vous prie de croire à mes sentiments les plus sincèrement cordiaux,

lettre conservée au fonds Simenon, université de Liège

### André Gide, 12 à 16 février 1948

Bien cher Simenon,
[...] Il y a dix jours nous étions, ici, tous atteints d'une simenonite aiguë ; et vous auriez ri sans doute à nous voir, dans la même pièce, plongés, Richard Heyd dans la *Lettre à mon juge*, Jacqueline H. dans *Il pleut, bergère…*, Jean Lambert, mon gendre, dans *Le Haut Mal*, Catherine, ma fille, dans *Le Bourgmestre de Furnes* et moi-même, dans [en marge : Douze de vos anciens : relus en quinze jours] Oh ! c'était la pleine crise. Elle me prend une fois par an ; mais maintenant je ne vous lis plus sans prendre de notes [...]. Gallimard avait eu la gentillesse de nous envoyer quatorze volumes de vous et, de plus, nous avons cherché dans les librairies d'ici tous les « Fayard » disponibles (dire que je n'avais pas encore lu *Les Fiançailles de M. Hire* !) Ajoutez les volumes de la nouvelle série, soit achetés ici, soit envoyés par vous (Merci !) dévorés aussitôt. Là-dessus vos deux longues lettres… j'étais plein de vous – le suis encore.

*Georges Simenon André Gide,*
*… sans trop de pudeur, op. cit.*

### Henry Miller, 23 avril 1954

Cher Monsieur Simenon,
Avec cette lettre, je vous envoie des salutations amicales d'une bonne douzaine d'amis à moi, tous des lecteurs dévoués de Simenon. Pour nous Américains qui viennent [*sic*] de vous découvrir (grâce aux traductions), c'est comme une nouvelle étoile qui s'est levée à l'horizon. Vous êtes absolument unique parmi les auteurs qui connaissent un grand succès auprès du public. Avec ce raccourcissement (?) que vous employez, vous ne perdez rien. Tout est là dans vos œuvres, et au-dessus tout le sens de l'humanité et la connaissance de la vie. Pour moi, qui ne connais rien de votre vie, hélas, c'est comme si vous avez fait vos préparations dans une vie antérieure. On parle souvent (et même trop, à mon avis) de la grande connaissance de Balzac. La vôtre est pour moi plus réelle, plus substantielle, et vous la nous servez d'une manière plus appétissante. Il y a une « tendresse » chez vous que je ne trouve pas assez souvent chez les écrivains français. Est-ce le côté belge ?
[...] Je vous salue très cordialement en espérant que vous nous donnerez au moins une centaine de plus de vos livres si séduisants.

« Simenon », *Cistre essais*, n° 10, *op. cit.*

### Pierre Mac Orlan, 16 juin 1965

Cher Georges Simenon,
La dédicace que vous avez inscrite de votre main sur la première page de votre admirable roman : « LE PETIT SAINT » me touche profondément, plus que vous ne pouvez le penser. Je pourrais vous le dire si nos routes pouvaient se rencontrer ; mais l'écriture obéit trop souvent à la sentimentalité littéraire. C'est un domaine où l'affection et le

respect, quand ils sont sincères, se trouvent un peu dépaysés. Votre livre est un des meilleurs aspects de cette poésie humaine qui est la vôtre et qu'il est difficile de commenter dans les laboratoires universitaires. La dernière phrase de votre roman est magnifique… C'est ça la poésie. Pour ma part, je pense en avoir fini avec la littérature, pour le meilleur et aussi pour le pire. Je vais avoir 84 ans mais je n'imagine pas la fin de mon propre roman. Cher ami je vous suis reconnaissant pour tout ce que vous avez écrit et pour la dédicace placée sur la première page du « PETIT SAINT ». Encore une fois c'est un livre d'une intelligence et d'une dignité l'une et l'autre parfaites.

« Simenon », *Cistre essais*, n⁰ 10, *op. cit.*

### Marcel Achard, 12 avril 1967

Mon cher Georges,
Tu ne peux pas savoir le plaisir que tu m'as causé en me faisant envoyer, et numérotés et imprimés spécialement, les deux premiers volumes de la merveilleuse collection de tes œuvres complètes.

Je t'ai dit ce que je pensais du *Chat*, qui est une des œuvres les plus atroces, mais aussi les plus extraordinaires que tu aies écrites. Seuls, peut-être, *Les Anneaux de Bicêtre* pourrait tenir la comparaison.

Mais quelle joie de relire les premiers Maigret, de me retrouver subitement en 1930, à l'époque d'Eugène Merle (« nous autres, les chacals, nous n'avons pas de scrupules »…) et de notre jeunesse qui commençait à triompher !

[…] Plongé dans l'univers Simenon je rêve debout. Cette atmosphère Simenon n'est pas la même en 1930 qu'en 1966 et quelqu'un qui s'appliquerait à suivre – comme je vais le faire – le développement de ton œuvre sentirait la différence profonde qui existe entre le monde de 1930 et celui d'aujourd'hui.

Pas seulement à cause des différences de monnaie mais ta science du détail, cet extraordinaire pouvoir que tu as de créer la vie t'ont fait recréer celle de 1930 et, j'en suis sûr, les années intermédiaires jusqu'en 1966.

[…] Tu es un grand bonhomme.

[…] Je ne vais pas me livrer ici à une étude complète de ton œuvre, mais je tiens à te dire l'enchantement de tes premiers Fayard. On a bien fait de les rééditer : il aurait été bien dommage qu'ils se perdissent. On y voit grandir peu à peu Simenon.

lettre conservée au fonds Simenon,
université de Liège

### Federico Fellini, 22 septembre 1969

Cher Simenon
Eh bien, votre lettre, de temps en temps, je me la relis. Il n'y a pas de doute que j'ai un fort complexe à votre égard et la seule idée que peut-être décembre vous verra à Rome et que nous pourrons y bavarder ensemble me transforme en un petit garçon émotionné dès maintenant. C'est vrai que votre talent et vos possibilités surhumaines de discipline dans le travail créent une intimidation et un émerveillement. Il faut penser à vos qualités humaines pour rétablir un rapport d'équilibre et voilà que tout de suite et avant toute autre chose on découvre que l'on vous aime et vous devenez une présence familière, l'ami le plus grand que chacun voudrait avoir, un compagnon de travail et de vie, un point de repère qui ne déçoit jamais et donne de la force. Excusez-moi si je me laisse un peu aller. Je sais très bien que certaines choses, à se les entendre dire, tapent un peu sur les nerfs. Pourtant c'est tout à fait comme cela, cher Simenon.

lettre conservée au fonds Simenon,
université de Liège

# Débuts de romans

*« Le "commencement" de chacun des romans de [Simenon] est un faux début : nous prenons – je l'ai dit – le discours en marche. Comme si soudainement, lisant la première ligne, nous commencions à nous soucier d'une voix qui parlait déjà, mais à laquelle, jusqu'alors, nous ne prêtions pas l'oreille. Un roman de Simenon ne débute pas par une naissance […], mais par l'apparition abrupte […] d'un discours qui se continue, qui se poursuit, venu de plus avant. Il en va de même pour la fin. »*

Hubert Juin, « Un roman ininterrompu »,
*Simenon*, Plon, 1973

### Le Chien jaune, mars 1931

Vendredi 7 novembre. Concarneau est désert. L'horloge lumineuse de la vieille ville, qu'on aperçoit au-dessus des remparts, marque onze heures moins cinq.

### Liberty-Bar, mai 1932

Cela commença par une sensation de vacances. Quand Maigret descendit du train, la moitié de la gare d'Antibes était baignée d'un soleil si lumineux qu'on n'y voyait les gens s'agiter que comme des ombres. Des ombres portant chapeau de paille, pantalon blanc, raquette de tennis. L'air bourdonnait, il y avait des palmiers, des cactus en bordure du quai, un plan de mer bleue au-delà de la lampisterie.

### L'Écluse n° 1, avril 1933

Quand on observe des poissons à travers une couche d'eau qui interdit entre eux et nous tout contact, on les voit rester longtemps immobiles, sans raison, puis, d'un frémissement de nageoires, aller un peu plus loin pour n'y rien faire qu'attendre à nouveau.

### Quartier nègre, juin 1935

– Je ne vois que des nègres, avait murmuré Germaine, alors que le navire manœuvrait encore et que, du haut du pont-promenade, elle voyait se rapprocher lentement un quai où attendaient deux rangs de dockers noirs. Et son mari avait murmuré sans conviction : – Évidemment !
   Pourquoi évidemment, puisqu'ils étaient à l'entrée du canal de Panamá, c'est-à-dire en Amérique centrale ? N'auraient-ils pas dû apercevoir des Indiens ?

### L'Assassin, décembre 1935

Le mélange était si intime entre la vie de tous les jours, les faits et gestes conventionnels et l'aventure la plus inouïe, que le docteur Kupérus, Hans Kupérus, de Sneek (Frise néerlandaise), en ressentait une excitation quasi voluptueuse qui lui rappelait les effets de la caféine par exemple.

### Chemin sans issue, mars 1936

Ce n'est qu'après coup, bien sûr, que les heures prennent leur importance. Cette heure-là, sur le moment, avait la couleur du ciel, un ciel gris partout : en bas, où couraient des nuages poussés par le vent d'est ; en haut, où l'on devinait des réserves de pluie pour des jours et des jours encore.

### L'homme qui regardait passer les trains, printemps 1937

En ce qui concerne personnellement Kees Popinga, on doit admettre qu'à huit heures du soir il était encore temps, puisque, ainsi, son destin n'était pas fixé. Mais temps de quoi ? Et pouvait-il faire autre chose que ce qu'il allait faire, persuadé d'ailleurs que ses gestes n'avaient pas plus d'importance que pendant les milliers et les milliers de jours qui avaient précédé ?

### Le Cheval-Blanc, mars 1938

– Tu devrais le poser par terre, Maurice… Pourquoi cette phrase-là plutôt qu'une autre ? Et pourquoi cette minute-là plutôt que n'importe laquelle des minutes de ce dimanche de Pentecôte ?

### La Veuve Couderc, mai 1940

Il marchait. Il était seul sur trois kilomètres au moins de route coupée obliquement, tous les dix mètres, par l'ombre d'un tronc d'arbre, et, à grandes enjambées, sans pourtant se presser, il allait d'une ombre à l'autre. Comme il était près de midi et que le soleil approchait du zénith, une ombre courte, ridiculement ramassée, la sienne, glissait devant lui.

### La Vérité sur Bébé Donge, septembre 1940

N'arrive-t-il pas qu'un moucheron à peine visible agite davantage la surface d'une mare que la chute d'un gros caillou ? Ainsi en fut-il ce dimanche-là à la Châtaigneraie. D'autres dimanches, pour les Donge, sont restés en quelque sorte historiques, comme le dimanche de l'orage, quand le hêtre s'est abattu « trois minutes après le passage de maman » ou encore le dimanche de la grande dispute, celle qui a brouillé les deux ménages pour plusieurs mois.

### Cécile est morte, décembre 1940

La pipe que Maigret alluma sur son seuil, boulevard Richard-Lenoir, était déjà plus savoureuse que les autres matins. Le premier brouillard était une surprise aussi plaisante que la première neige pour les enfants, surtout que ce n'était pas ce méchant brouillard jaunâtre de certains jours d'hiver, mais une vapeur laiteuse dans laquelle erraient des halos de lumière. Il faisait frais. Le bout des doigts, le bout du nez picotaient et les semelles claquaient sur le pavé.

### Félicie est là, mai 1942

Ce fut une seconde absolument extraordinaire, car cela ne dura probablement qu'une seconde, comme, assure-t-on, les rêves qui nous paraissent les plus longs. Maigret, des années plus tard, aurait pu montrer l'endroit exact où cela s'était produit, la portion de trottoir où il avait mis les pieds, la pierre de taille sur laquelle se profilait son ombre, il aurait pu, non seulement reconstituer les moindres détails du décor, mais retrouver l'odeur éparse, les vibrations de l'air, qui avait un goût de souvenir d'enfance.

### L'Aîné des Ferchaux, décembre 1943

Le train s'ébranlait d'une secousse brutale et Maudet, interrompu dans sa course, était collé, l'espace d'une seconde, contre la cloison du couloir, près de l'accordéon noir d'un soufflet. Alors, la viscosité de cette cloison, qui semblait suer gras et froid par une nuit pluvieuse d'octobre, lui entra dans les doigts, dans la peau, dans la mémoire ; elle devait à tout jamais s'associer pour lui à la notion de train de nuit.

### Maigret se fâche, août 1945

Mme Maigret, qui écossait des petits pois dans une ombre chaude où le bleu de son tablier et le vert des cosses mettaient des taches somptueuses, Mme Maigret, dont les mains n'étaient jamais inactives, fût-ce à deux heures de l'après-midi par la plus chaude journée d'un mois d'août accablant, Mme Maigret, qui surveillait son mari comme un poupon, s'inquiéta :
– Je parie que tu vas déjà te lever…

### Les Fantômes du chapelier, décembre 1948

On était le 3 décembre et il pleuvait toujours. Le chiffre 3 se détachait, énorme, très noir, avec une sorte de gros ventre, sur le blanc cru du calendrier fixé à la droite de la caisse, contre la cloison en chêne sombre séparant le magasin de l'étalage. Il y avait exactement vingt jours, puisque cela avait eu lieu le 13 novembre – encore un 3 obèse sur le calendrier – que la première vieille femme avait été assassinée, près de l'église Saint-Sauveur, à quelques pas du canal.

### Un nouveau dans la ville, octobre 1949

Il se trouva installé dans la ville sans que personne l'eût vu arriver, et on en ressentit un malaise comparable à celui d'une famille qui apercevrait un inconnu dans un fauteuil de la salle commune sans que personne l'ait entendu entrer, ni que la porte se soit ouverte.

### L'Amie de Madame Maigret, décembre 1949

La poule était au feu, avec une belle carotte rouge, un gros oignon et un bouquet de persil dont les queues dépassaient.

### Feux rouges, juillet 1953

Il appelait ça entrer dans le tunnel, une expression à lui, pour son usage personnel, qu'il n'employait avec personne, à plus forte raison pas avec sa femme. Il savait exactement ce que cela voulait dire, en quoi consistait d'être dans le tunnel, mais, chose curieuse, quand il y était, il se refusait à le reconnaître, sauf par intermittence, pendant quelques secondes, et toujours trop tard. Quant à déterminer le moment précis où il y entrait, il avait essayé, souvent après coup, sans y parvenir.

### Crime impuni, octobre 1953

Des cris d'enfants éclatèrent dans la cour de l'école d'en face, et Élie sut qu'il était dix heures moins le quart. Certaines fois, il lui arrivait d'attendre avec une impatience qui frisait le malaise ce déchirement brutal de l'air par les voix des deux cents gamins jaillissant des classes pour la récréation. On aurait juré que, chaque matin, quelques instants avant ce feu d'artifice sonore, le silence régnait plus profondément sur le quartier, comme si celui-ci tout entier était dans l'attente.

### Les Complices, septembre 1955

Ce fut brutal, instantané. Et pourtant, il resta sans étonnement et sans révolte comme s'il s'y attendait depuis toujours. D'une seconde à l'autre, dès le moment où le klaxon se mit à hurler derrière lui, il sut que la catastrophe était inéluctable et que c'était sa faute.

### Le Nègre, avril 1957

« Un jour, je leur montrerai… »
   Depuis combien d'années se répétait-il ça dans sa tête, quelquefois entre ses dents, surtout le soir, quand son teint devenait violacé et ses gros yeux humides ? Peut-être le pensait-il déjà sur les bancs de l'école, à Versins-Haut, lorsque les Van Straeten, les fermiers, Ferdinand et Emma à la voix criarde, chez qui l'Assistance publique l'avait placé, le traitaient de fainéant et de propre-à-rien.

### Maigret et les vieillards, juin 1960

C'était un de ces mois de mai exceptionnels comme on n'en connaît que deux ou trois dans sa vie et qui ont la luminosité, le goût, l'odeur des souvenirs d'enfance. Maigret disait un mois de mai de cantique, car cela lui rappelait à la fois sa première communion et son premier printemps à Paris, quand tout était pour lui nouveau et merveilleux.

### Maigret et le clochard, mai 1962

Il y eut un moment, entre le quai des Orfèvres et le pont Marie, où Maigret marqua un temps d'arrêt, si court que Lapointe, qui marchait à son côté, n'y fit pas attention. Et pourtant, pendant quelques secondes, peut-être moins d'une seconde, le commissaire venait de se retrouver à l'âge de son compagnon.

### Le Petit Saint, octobre 1964

Il avait entre quatre et cinq ans lorsque le monde commença à vivre autour de lui, lorsqu'il prit conscience d'une vraie scène se jouant entre des êtres humains qu'il était capable de distinguer les uns des autres, de situer dans l'espace, dans un décor déterminé. Il n'aurait pas pu préciser, plus tard, si c'était en été ou en hiver, bien qu'il eût déjà le sens des saisons. Probablement en automne, car une légère buée ternissait la fenêtre sans rideau et la lumière du bec de gaz d'en face, seule à éclairer la chambre jaunâtre, semblait humide.

### La Prison, novembre 1967

Combien de mois, d'années, faut-il pour faire d'un enfant un adolescent, d'un adolescent un homme ? À quel moment peut-on affirmer que cette mutation a eu lieu ? Il n'existe pas, comme dans les études, de proclamation solennelle, pas de distribution de prix, pas de diplôme.
   Alain Poitaud, à trente-deux ans, ne mit que quelques heures, peut-être quelques minutes, pour cesser d'être l'homme qu'il avait été jusqu'alors et pour en devenir un autre.

### Maigret et Monsieur Charles, février 1972

Maigret jouait dans un rayon de soleil de mars encore un peu frileux. Il ne jouait pas avec des cubes, comme quand il était enfant, mais avec des pipes.
   Il y en avait toujours cinq ou six sur son bureau, et chaque fois qu'il en bourrait une, il la choisissait avec soin selon son humeur.
   Son regard était flou, ses épaules tassées. Il venait de décider du reste de sa carrière. Il ne regrettait rien, mais il en gardait une certaine mélancolie.

# Extraits des « Dictées »

*« On plaidera ici, comme l'a fait François Truffaut, pour l'intérêt de ces volumes [...]. L'oralisation de la prose la rend transparente à qui n'a jamais lu un livre d'un point de vue littéraire, et c'est là un bel éloge littéraire qu'on puisse lui faire. Les pauvres en argent y liront leur situation ; les pauvres en esprit trouveront chez ce nouveau riche l'esprit de la pauvreté. »*

Jacques Lecarme, « Les cinq voies
de l'autobiographie simenonienne », *Traces*, nº 11, 1999

### Du ministère de la Culture [9 avril 1973]

Picasso est mort hier. Depuis le début de l'après-midi, des gens s'en sont donné à cœur joie, à la radio, à la télévision, et ce matin dans les journaux.

La France possède un ministre de la culture. Culture de quoi ? Ce n'est pas précisé dans le titre. Mais on a choisi pour ce poste, dans le nouveau gouvernement, l'écrivain le plus arriviste, le plus bête de toute sa génération. Si ses livres sont mauvais, il n'en est cependant pas responsable, car il les a fait écrire par des nègres.

Cela l'a mené à l'Académie française.

Et, hier, on a pu le voir prononcer, sur Picasso, un discours ampoulé qui, récité de la même manière à Bobino ou dans n'importe quel music-hall, aurait été considéré comme un excellent numéro comique.

Bien entendu, comme toujours, on a eu soin, à peu près partout, de souligner le prix atteint par les toiles de Picasso, le nombre d'œuvres qu'il a produites pendant sa carrière, le prix aussi des moindres croquis griffonnés sur une table de café.

Est-ce vraiment ce qui intéresse le public ? Est-ce le genre de nécrologie auquel un homme de l'envergure de Picasso avait droit ?

Cela me met en boule. J'avoue que je suis indigné. Je ne me compare pas au peintre. J'espère cependant que ni Druon ni tous ceux qui ont parlé de Picasso n'auront l'idée de parler de moi. Si seulement on pouvait laisser les gens mourir et être enterrés en paix !

*Un homme comme un autre*, 1975

### Petit homme [15 octobre 1973]

Homme, pauvre et merveilleux petit homme, plein d'aspirations héroïques, plein d'espoir et si souvent plein d'un courage quotidien que rien ne parvient à user !

Je ne comprends pas que, depuis qu'il existe, il n'ait pas balayé une bonne fois toutes les forces qui se liguent contre lui, qui font de lui ce qu'on appelait jadis un manant, maintenant un OS, c'est-à-dire un esclave.

Heureusement pour son équilibre relatif qu'il ne le sait pas. Chaque matin, on lui dit ce qu'il faut penser et l'on reprend ce travail de dressage à chaque heure de la journée.

Pour quoi ? Pour qui ? Pour quelques individus qui ont un peu moins de scrupules que les autres, un peu moins d'idéal que les autres. Ceux-là n'hésitent pas à tricher, à tricher en tout, à montrer les guerres comme le sursaut d'un peuple alors qu'il ne s'agit que de livraisons de chars ou d'avions.

Comme jadis on entraînait les paysans à aller se battre au Moyen-Orient pour sauver le tombeau du Christ. Mon œil ! comme dirait Pierre.

*Des traces de pas*, 1975

### Humilité [1er décembre 1974]

S'il y a un mot que je voudrais voir inculquer aux enfants, c'est-à-dire aux petits d'hommes, aux futurs hommes, c'est le mot *humilité*.

Ce mot-là, plutôt que les mots Liberté, Égalité, Fraternité, je le voudrais voir gravé dans la pierre de nos monuments éphémères.

*Vent du nord vent du sud*, 1976

### Les voyous [13 mars 1975]

– Il faut en finir avec les voyous.

Eh bien, ce mot voyou, pas plus que je ne l'admettais dans mon enfance, ce qui a créé beaucoup de frictions entre ma mère et moi, je ne l'accepte pas plus aujourd'hui qu'alors.

D'autant plus que ceux qui l'emploient sont d'anciens voyous eux-mêmes. Mais des voyous qui n'avaient pas l'excuse de la misère, ni d'un horizon bouché.

– Il faut que jeunesse se passe…

C'était le mot pour excuser les fils de famille, les fils de riches, de se faire les dents, d'exprimer leur impatience de vivre.

On ne les appelait pas des voyous. On

les appelait des étudiants.

Aujourd'hui, les collégiens, les lycéens, beaucoup de leurs professeurs eux-mêmes, sont devenus des voyous.

Pour ma part, je serais avec les jeunes, avec ceux qu'ils appellent les voyous, pour déboulonner les vrais voyous, les voyous dignes, les voyous qui se donnent une bonne conscience et qui s'arrogent, chaque jour, le droit de montrer leur image à la télévision, ce qui m'apparaît comme un vrai défi à l'ensemble de la population.

*Ibidem*

### Racisme ordinaire [21 mars 1975]

On parle beaucoup en ce moment de racisme, surtout en France, et même en Suisse, pays de refuge, pourtant, dit-on toujours, mais où les ouvriers étrangers sentent leur position menacée, sans compter ceux qui ont déjà été renvoyés dans leur pays et les saisonniers dont un petit nombre seulement reviendra cet été.

Le racisme me fait grincer des dents. Je déteste toute distinction entre les hommes et mon antiracisme s'étend, si je puis dire, jusqu'aux animaux.

*Ibidem*

### « Plutôt gauchiste » [8 mai 1975]

Je ne me suis jamais occupé de politique. C'est en vain qu'on épluchera mes deux cent vingt et quelques romans pour y trouver des traces d'idéologie. Néanmoins, tout au long de ma vie, j'ai passé par des alternatives de révolte aiguë et d'enthousiasme.

Je m'en suis rendu compte cette semaine. Pendant deux jours, j'ai répondu à des questions qui m'étaient posées pour un numéro spécial qu'un magazine littéraire veut me consacrer à l'automne. On m'a demandé, bien entendu, quelles étaient mes idées politiques. Je crois que j'ai assez surpris mon interlocuteur en lui disant que, comme à l'âge de seize ans, je suis ce qu'on pourrait appeler un anarchiste.

Pour moi, en effet, les partis qui cherchent à créer une évolution progressive de la société humaine ne font que le jeu des profiteurs. Ils se sont peu à peu embourgeoisés et aujourd'hui se trouvent prêts à prendre la relève du bon vieux capitalisme, avec peut-être d'autres méthodes, mais les mêmes résultats.

Je crois avoir dit : – Je serais plutôt gauchiste. Pas un gauchiste violent. Pas un lanceur de bombes, pas plus que je n'aspirais à devenir lanceur de bombes lorsque j'avais seize ou dix-huit ans. Gauchiste, non pas non plus dans le sens de groupuscule plus ou moins organisé et plus ou moins clandestin.

J'emploie ce mot dans le sens d'individualisme. J'ai toujours eu la volonté de devenir un individu et j'ai caressé le rêve que, un jour, le monde ne serait plus composé que d'individus.

*Un banc au soleil*, 1977

### Distinction ? [5 juin 1976]

Toute ma vie, j'ai eu horreur de ce mot « distingué », comme j'ai eu l'horreur de la découpe de la population d'un pays en classes sociales. Je ne parle pas d'un autre mot, beaucoup plus scandaleux : – C'est un homme de bonne famille.

Ce qui implique *a contrario* que tous les autres sont de mauvaise famille.

Classes dirigeantes, gentilshommes, personnalités distinguées, classes sociales sont des mots que je hais depuis mon enfance, parce que, depuis mon enfance je n'arrive pas à les comprendre. Ou plutôt je ne comprends que trop bien que, même en république, même en démocratie, il existe une sorte de « cour » semblable à celle de Versailles où chacun a son rang bien déterminé qui dépend surtout du bon vouloir du pouvoir [...].

*Post-scriptum.* Pour en revenir à l'Académie française, elle se considère elle-même comme un club, un club restreint, où l'on n'entre qu'en remplissant certaines conditions dont celle d'être un personnage de bon ton. Car il y a aussi le bon ton. Celui d'une exquise politesse pour exprimer les pires vacheries, de promesses généreuses et prétendues amicales à un candidat pour qui l'on sait que l'on ne votera jamais.

Pour bien faire, pour être admis d'emblée dans ce club, il est bon de posséder un titre, vrai ou faux, de descendre d'un personnage plus ou moins illustre, fût-ce par le valet de chambre ou par une des femmes de chambre.

[...] J'ai eu plus de dix amis intimes qui ont été pris soudain, passé l'âge mûr, de ce qu'Isorni appelle la « fièvre verte ». Ils s'y présentaient, disaient-ils, pour faire « sauter la baraque », je crois que je l'ai déjà dit. Je crois aussi avoir dit que, de moutons enragés qu'ils avaient été, ils sont devenus les plus dociles, sinon les plus pointilleux de ce club de gens distingués.

*Tant que je suis vivant*, 1978

### Le pape Paul VI [6 juin 1976]

[...] De toutes les dictatures dont on parle ou qu'on craint à présent, celle du Pape, et particulièrement de celui en fonctions, m'apparaît comme la plus inhumaine.

[...] La plupart des dictatures, ou, encore une fois, des idéologies, demandent, exigent, que l'on vive d'une certaine façon.

Mais rares sont celles qui s'adressent, non seulement à vos actes, à vos attitudes envers autrui, mais à vos moindres pensées.

[…] La religion, le pape Paul VI vient de le confirmer solennellement à deux reprises, prétend contrôler, non seulement nos instincts les plus normaux, mais aussi nos pensées secrètes.

[…] Des dictateurs empêchent leurs concitoyens de franchir les frontières du pays, ou de s'exprimer librement.

Le Pape, lui, prétend contrôler notre vie la plus personnelle et franchir les frontières qu'il a fixées à nos propres pensées, sinon à nos rêves de la nuit.

*Ibidem*

### Les chefs d'État [28 septembre 1976]

[…] « De mon temps ». Pour ma part, c'est un mot que je ne prononce jamais. Parce qu'il n'y a pas de temps. Le temps, c'est nous qui l'avons créé à notre mesure, une mesure infinitésimale.

[…] Nous oublions qu'il y a eu les mêmes enfances à Rome, en Grèce, en Égypte, en Chine, et dans toutes les régions du globe. Nous oublions aussi qu'il y a eu, partout, des ambitieux, des avides, qui, pour une gloire passagère, n'hésitaient pas à sacrifier des centaines de milliers d'hommes.

[…] Il reste de faux Napoléon, de faux César, de faux Alexandre aujourd'hui aussi. Je suis tenté de les considérer, à la façon de ceux d'autrefois, comme des irresponsables. Je ne parviens pas à leur en vouloir. Si leurs manœuvres et leur politique m'irritent, je serais plutôt apitoyé sur leur personnalité.

Pour ne prendre que Napoléon, ses dernières années à l'île de Sainte-Hélène étaient d'un ridicule qui tenait des comédies bourgeoises de Labiche.

Il en sera de même, quand l'Histoire aura ouvert ses vrais dossiers, des sous-Napoléon plus proches de nous, et même de ceux qui nous gouvernent encore.

Est-ce une maladie ? Je ne serais pas surpris que l'on découvre un jour que c'en soit une. À mon avis, c'est un complexe d'infériorité poussé à l'extrême qui oblige certains individus à se donner coûte que coûte l'illusion d'une supériorité sur leurs semblables. Je les déteste, certes, pour tout le mal qu'ils font aux autres. En même temps, j'en ai pitié pour l'existence qu'ils ont à mener.

*La Main dans la main*, 1978

L'HOMME DE LA TOUR EIFFEL
LE CHIEN JAUNE
LE CHARRETIER DE "LA PROVIDENCE"
LE PORT DES BRUMES
PIETR LE LETTON
L'OMBRE CHINOISE
UN CRIME EN HOLLANDE
LA NUIT DU CARREFOUR

### Le roman se meurt [11 juillet 1977]

Le roman se meurt ? Le roman est mort ?

À mon sens, c'est surtout une question de commerce. Il est évident qu'un film qui s'intitule « Watergate » ou qui nous parle de la vie intime de l'ex-président Nixon éveillera davantage la curiosité qu'un film qui s'intitule tout bêtement :
– *Les Yeux Verts*.

[…] Il faut qu'un livre soit un best-seller et un best-seller ne s'obtient qu'en chatouillant la curiosité du grand public. Ce n'est pas le roman qui se meurt. Ce sont les véritables romanciers qui commencent à nous manquer. Les quelques-uns qui restent ne sont évidemment pas aussi bien reçus par les bureaux d'un éditeur qu'un ancien bagnard ou qu'une ancienne tenancière de maison close.

Qu'arrive-t-il alors ? C'est que les rares romanciers dont je parle, se prostituent et écrivent sagement ce qu'on leur demande.

*À quoi bon jurer ?*, 1979

# GÉOGRAPHIE DES ROMANS

*Sont ici sélectionnés les cadres spatiaux des romans et nouvelles (précédées par \*) pour autant qu'ils atteignent un minimum de vingt pages dans l'édition des Œuvres complètes (Rencontre). Dans cette liste, le quai des Orfèvres n'est pas retenu dans la mesure où il sert de cadre spatial à la majorité des « Maigret ».*

## PARIS

### • 1er arrondissement
Place Dauphine : *La Colère de Maigret* – Rue de la Grande-Truanderie : *La Mort d'Auguste* – Halles : *Le Petit Saint* – Quai de la Mégisserie : *La Folle de Maigret* – Place Vendôme : *Monsieur La Souris, Il y a encore des noisetiers.*

### • 2e arrondissement
Rue Montmartre : *Pedigree* – Avenue de l'Opéra : *Une vie comme neuve* – Rue des Petits-Champs : *L'Outlaw* – Boulevard Saint-Denis : *Le Veuf* – Rue Thorel : *Le Veuf.*

### • 3e arrondissement
Rue des Arquebusiers : *L'Homme au petit chien* – Boulevard Beaumarchais : *L'Homme au petit chien, Les Innocents* – Rue Béranger : *Marie qui louche* – Rue des Minimes : *La Porte* – Place de la République : *Maigret s'amuse* – Rue de Sévigné : *Les Innocents* – Rue de Turenne : *L'Amie de Madame Maigret, Marie qui louche, La Porte.*

### • 4e arrondissement
Quai d'Anjou : *En cas de malheur, Maigret et le tueur* – Rue de Birague : *L'Outlaw* – Quai de Bourbon : *La Vieille* – Quai des Célestins : *Maigret et le clochard* – Rue de Jouy : *La Vieille* – Rue Neuve-Saint-Pierre : *Maigret et le voleur paresseux* – Quai d'Orléans : *En cas de malheur* – Rue du Pas-de-la-Mule : *Les Suicidés* – Rue du Roi-de-Sicile : *Maigret et son mort* – Rue Saint-Antoine : *\*Stan le Tueur* – Place des Vosges : *L'Ombre chinoise, \*L'Amoureux de Madame Maigret, Maigret et le marchand de vin.*

### • 5e arrondissement
Rue de l'Abbé-de-l'Épée : *Le Petit Saint* – Rue des Feuillantines : *Le Chat* – Rue de la Harpe : *La Disparition d'Odile* – Rue Lhomond : *Maigret en meublé* – Rue Mouffetard : *Maigret et le voleur paresseux, Le Petit Saint* – Rue Saint-Jacques [désignant par méprise la rue du Faubourg-Saint-Jacques, 14e arr.] : *Maigret en meublé* – Quai de la Tournelle : *L'Enterrement de Monsieur Bouvet*

### • 6e arrondissement
Quai des Grands-Augustins : *Maigret, Maigret s'amuse* – Quai Malaquais : *Les Quatre Jours du pauvre homme* – Rue Notre-Dame-des-Champs : *Maigret et les braves gens* – Rue Saint-André-des-Arts : *La Folle de Maigret.*

### • 7e arrondissement
Rue de Bourgogne : *Maigret et les vieillards* – Rue Saint-Dominique : *Maigret et les vieillards* – Boulevard Saint-Germain : *\*Le Client le plus obstiné du monde, Maigret chez le ministre, Maigret tend un piège, Maigret et Monsieur Charles* – Rue des Saints-Pères : *\*Le Client le plus obstiné du monde* – Rue de Varenne : *Maigret et les vieillards.*

### • 8e arrondissement
Boulevard des Batignolles : *Signé Picpus* – Rue de Berri : *Le Veuf* – Avenue des Champs-Élysées : *Pietr-le-Letton, Le Testament Donadieu, Les Caves du Majestic, Les Quatre Jours du pauvre homme* – Boulevard de Courcelles : *Un échec de Maigret, L'Ours en peluche* – [Impasse Daru (transposition de l'avenue Beaucour)] : *Les Noces de Poitiers* – Rue Daru : *Antoine et Julie* – Rue du Faubourg-Saint-Honoré : *La Fenêtre des Rouet* – Avenue George-V : *Les Volets verts, Maigret voyage* – Avenue de Marigny : *Maigret hésite* – Rue de Ponthieu : *Les Caves du Majestic, En cas de malheur, Le Déménagement*

### • 9e arrondissement
Rue Ballu : *Maigret et l'indicateur* – Cité Bergère : *La Cage d'Émile, Le Ticket de métro, Le Chantage de l'Agence O* – Rue Chaptal : *La Première Enquête de Maigret* – Boulevard de Clichy : *L'Escalier de fer* – Rue de Clichy : *Maigret et la jeune morte* – Rue Fontaine : *Maigret, La Patience de Maigret, Maigret et l'indicateur* – Rue La Bruyère : *La Colère de Maigret* – Rue La Rochefoucauld : *La Première Enquête de Maigret* – Rue Laffitte : *Le Fils* – Rue Notre-Dame-de-Lorette : *Le Grand Bob, L'Ami d'enfance de Maigret* – Rue Pigalle : *L'Ombre chinoise, Maigret au Picratt's, La Colère de Maigret* – Rue Victor-Massé : *La Colère de Maigret*

### • 10e arrondissement
Quai de Valmy : *Maigret et le corps sans tête*

### • 11e arrondissement
Rue d'Angoulême [devenue rue Jean-Pierre-Timbaud] : *Maigret et l'homme du banc* – Rue Popincourt : *Le Revolver de Maigret* – Boulevard Richard-Lenoir : *Maigret et son mort, La Première Enquête de Maigret, \*Un Noël de Maigret, Maigret, Lognon et les gangsters, Maigret et la jeune morte, Maigret et le corps sans tête, Maigret s'amuse, Les Scrupules de Maigret, Maigret et le voleur paresseux, Maigret et les braves gens, Maigret et le client du samedi, Maigret et le clochard, La Colère de Maigret, Maigret se défend, L'Ami d'enfance de Maigret, Maigret et le tueur, Maigret et le*

marchand de vin, *La Folle de Maigret*, *Maigret et l'homme tout seul*, *Maigret et l'indicateur*
– Boulevard Voltaire : *Une confidence de Maigret*
– Place Voltaire : *Maigret s'amuse*.
• **13e arrondissement**
[Square Sébastien-Doise (impasse inventée donnant « sur la rue de la Santé, à mi-chemin entre la prison et l'hôpital Cochin »)] : *Le Chat*.
• **14e arrondissement**
Avenue de Châtillon : *Les Scrupules de Maigret*
– Rue Delambre : *Les Quatre Jours du pauvre homme* – Rue du Faubourg-Saint-Jacques : *La Cage de verre* – Boulevard du Montparnasse : *La Tête d'un homme* – Avenue du Parc-de-Montsouris [devenue avenue René-Coty] : *Maigret et l'affaire Nahour* – Rue du Saint-Gothard : *La Cage de verre*.
• **15e arrondissement**
Rue Blomet : *\*Le Vieillard au porte-mine*
– Boulevard de Grenelle : *Le Voleur de Maigret*
– Boulevard Pasteur : *Maigret chez le ministre*
– Rue Saint-Charles : *Le Voleur de Maigret*.
• **16e arrondissement**
Avenue Henri-Martin : *Le Testament Donadieu*, *L'Ours en peluche* – Rue Laurent-Pichat : *Marie qui louche* – Avenue des Tilleuls : *L'Ours en peluche*.
• **17e arrondissement**
Rue des Acacias : *Maigret, Lognon et les gangsters*, *Maigret se défend*, *La Patience de Maigret* – Rue de l'Arc-de-Triomphe : *La Patience de Maigret* – Avenue Carnot : *Maigret se trompe* – Rue de l'Étoile : *Les Noces de Poitiers* – Rue Fortuny : *La Prison* – Rue Legendre : *Le Train de Venise* – Avenue Mac-Mahon : *Le Fils* – Avenue des Ternes : *L'Escalier de fer*.
• **18e arrondissement**
Rue Caulaincourt : *\*Mademoiselle Berthe et son amant*, *\*Les Petits Cochons sans queue*, *Maigret et le voleur paresseux*, *Maigret et le fantôme* – Place Constantin-Pecqueur : *Monsieur La Souris*, *Maigret et le fantôme* – Avenue Junot : *Maigret et le fantôme* – Rue Lamarck : *\*Maigret et l'Inspecteur Malgracieux*, *\*Les Petits Cochons sans queue*, *Le Grand Bob* – Place du Tertre : *Maigret s'amuse* – Rue Tholozé : *Maigret et le client du samedi*.

### FRANCE

*Les noms de lieux créés par Simenon figurent entre crochets, la région étant donnée entre parenthèses.*

• **Région parisienne**
– Asnières : *\*La Nuit des sept minutes*
– Avrainville [(et le proche) carrefour des Trois-Veuves] : *La Nuit du carrefour*
– Bourg-la-Reine : *Cécile est morte*

– Charenton : *L'Écluse no 1*, *Maigret et son mort*, *Maigret et le marchand de vin*
– Chelles : *\*La Pipe de Maigret*
– [Clairevie (proche d'Orly)] : *Le Déménagement*
– Coudray (Le) : *\*Menaces de mort*
– Courbevoie : *Le Suspect*
– [Givry-les-Étangs (inspiré par Ville-d'Avray)] : *Novembre*
– Issy-les-Moulineaux : *Lettre à mon juge*
– Itteville : *\*La Folle d'Itteville*
– Ivry : *Maigret et les témoins récalcitrants*
– [Jeanneville (proche d'Orgeval)] : *Félicie est là*
– Juvisy : *L'homme qui regardait passer les trains*
– Kremlin-Bicêtre (Le) : *Les Anneaux de Bicêtre*
– Moret-sur-Loing : *L'Étrangleur de Moret*
– Morsang-sur-Seine : *La Guinguette à deux sous*
– Neuilly : *Maigret et la Grande Perche*, *Le Revolver de Maigret*, *Le Train de Venise*
– Orgeval : *Félicie est là*
– [Orsenne (inspiré par Le Coudray-Montceaux)] : *Maigret se fâche*
– Puteaux : *L'Homme au petit chien*
– Saint-Cloud : *Les Caves du Majestic*
– Saint-Fargeau : *M. Gallet, décédé*, *La Guinguette à deux sous*
– Sceaux : *La Mort d'Auguste*
– Versailles : *L'Ours en peluche*, *Betty*
– Vésinet (Le) : *Le Fils*
– Villejuif : *Les Fiançailles de M. Hire*
• **Centre**
– Châteauneuf-sur-Loire : *\*Le Notaire de Châteauneuf*
– [Gué-de-Saulnois (Le) (proche de Saint-Amand-Montrond)] : *La Veuve Couderc*
– [Louvant (Berry)] : *Le Petit Homme d'Arkhangelsk*
– Meung-sur-Loire : *\*Ceux du Grand-Café*
– Sancerre : *M. Gallet, décédé*, *Une vie comme neuve*
• **Auvergne**
– Moulins : *L'Affaire Saint-Fiacre*, *Les Inconnus dans la maison*
– [Saint-Fiacre (inspiré par Paray-le-Frésil)] : *L'Affaire Saint-Fiacre*
– Vichy : *Maigret à Vichy*
• **Bourgogne**
– [Bugle (en bord de Loire)] : *Bergelon*
– Cézy : *\*La Sonnette d'alarme*
– [Malouville (proche d'une ville inspirée par Nevers)] : *Le Destin des Malou*
– Nevers : *Les Suicidés*, *\*Une femme a crié*, *\*Le Doigt de Barraquier*, *Pedigree*
– Pouilly-sur-Loire : *Le Cheval-Blanc*
• **Alsace**
– Schlucht (La) : *Le Relais-d'Alsace*

- **Champagne-Ardennes**
- [Bissancourt (proche de Vitry-le-François)]: *Le Baron de l'écluse*
- Dizy: *Le Charretier de la « Providence »*
- Fumay: *Le Train*
- Givet: *Chez les Flamands*
- [Ornaie (Aube)]: *La Vérité sur Bébé Donge*
- Reims: *Le Pendu de Saint-Pholien*
- Vitry-le-François: *Le Charretier de la « Providence »*
- **Nord-Pas-de-Calais**
- Boulogne-sur-Mer: *Les Mariés du 1er décembre*
- Dunkerque: *L'Aîné des Ferchaux*
- **Picardie**
- [Versins-Haut (inspiré par Pont-Rémy)]: *Le Nègre*
- [Versins-Station]: *Le Nègre*
- **Normandie**
- Bayeux: *Les Sœurs Lacroix*
- Bénouville: *Le Président*
- Caen: *La Maison des sept jeunes filles*, *La Vieille Dame de Bayeux*, *L'Aîné des Ferchaux*
- Cherbourg: *La Marie du Port*, *Le Vieux Couple de Cherbourg*, *Le Passage de la ligne*
- Deauville: *La Fleuriste de Deauville*
- Dieppe: *L'Homme de Londres*, *Tempête sur la Manche*
- Étretat: *Maigret et la vieille dame*
- Fécamp: *Pietr-le-Letton*, *L'Énigme de la « Marie-Galante »*, *Au Rendez-Vous-des-Terre-Neuvas*, *Les Rescapés du « Télémaque »*, *Le Bateau d'Émile*
- Havre (Le): *Le Bilan Malétras*
- Ouistreham: *Le Port des brumes*
- Port-en-Bessin: *La Marie du Port*
- Riva-Bella: *Bergelon*
- Rouen: *Les Rescapés du « Télémaque »*, *Oncle Charles s'est enfermé*
- [Saint-Saturnin (proche de Bayeux)]: *Le Passage de la ligne*
- **Bretagne**
- Concarneau: *Le Chien jaune*, *Les Demoiselles de Concarneau*
- **Pays de Loire**
- Aiguillon (L') : *La Maison du juge*
- [Chantournais (inspiré par Fontenay-le-Comte)]: *Au bout du rouleau*
- Fontenay-le-Comte: *Maigret a peur*
- Nantes: *L'Âne-Rouge*, *Lettre à mon juge*
- [Ormois (proche de La Roche-sur-Yon)]: *Lettre à mon juge*
- [Pont-du-Grau (Le) (inspiré par Le Pont-du-Brault)]: *Vente à la bougie*
- [Pont-Saint-Jean (inspiré par Fontenay-le-Comte)]: *Tante Jeanne*
- [Quatre-Bras (Les) (proche de Coulonges-sur-l'Autize)]: *Valérie s'en va*
- Roche-sur-Yon (La): *Lettre à mon juge*
- Sables-d'Olonne (Les): *Le Fils Cardinaud*, *Les Vacances de Maigret*, *La Chambre bleue*
- [Saint-Aubin-les-Marais (proche de Benet)]: *L'Inspecteur Cadavre*
- [Sainte-Odile (inspiré par Souil)]: *Le Rapport du gendarme*
- [Saint-Hilaire (inspiré par Saint-Mesmin)]: *Le Cercle des Mahé*
- [Saint-Justin-du-Loup (inspiré par Saint-Mesmin)]: *La Chambre bleue*
- [Triant (inspiré par Pouzauges)]: *La Chambre bleue*
- **Poitou-Charentes**
- Charron: *Le Clan des Ostendais*
- Coup-de-Vague (Le): *Le Coup-de-Vague*
- [Dion (proche de Rochefort)]: *Le Mort tombé du ciel*
- Esnandes: *Le Testament Donadieu*
- Fouras: *Marie qui louche*, *Le Grand Bob*
- Marsilly: *Le Coup-de-Vague*, *Le Flair du petit docteur*, *Le Riche Homme*
- Nieul-sur-Mer: *Le Haut Mal*
- Niort: *Le Passage de la ligne*
- Pallice (La): *Le Clan des Ostendais*
- Poitiers: *La Chambre bleue*
- Pré-aux-Bœufs (La): *Le Haut Mal*
- Rochelle (La): *Le Haut Mal*, *L'Évadé*, *Le Testament Donadieu*, *Annette et la dame blonde*, *Le Voyageur de la Toussaint*, *Le Clan des Ostendais*, *Les Fantômes du chapelier*, *Le Fils*, *Le Train*, *Le Riche Homme*
- Royan: *La Demoiselle en bleu pâle*
- [Saint-André-sur-Mer (inspiré par Marsilly)]: *Maigret à l'école*
- **Aquitaine**
- Bergerac: *Le Fou de Bergerac*
- Bordeaux: *Le Passager et son nègre*
- **Provence-Alpes-Côte d'Azur**
- Antibes: *Liberty-Bar*
- Bandol: *Maigret et l'indicateur*
- [Bastide (La) (proche de Mouans-Sartoux)]: *Dimanche*
- Cannes: *Liberty-Bar*, *L'Improbable Monsieur Owen*, *Strip-Tease*, *Dimanche*, *Le Confessionnal*
- Cap-d'Antibes: *Liberty-Bar*, *Les Volets verts*
- Golfe-Juan: *Chemin sans issue*, *Le Fantôme de Monsieur Marbe*
- Hyères: *Le Passage de la ligne*
- Juan-les-Pins: *Liberty-Bar*
- Lavandou (Le): *Cour d'assises*, *Les Trois Bateaux de la calanque*
- Marseille: *La Fuite de Monsieur Monde*

– Nice : *Cour d'assises, La Fuite de Monsieur Monde, Le Confessionnal*
– Porquerolles : *\*Le Grand-Langoustier, Cour d'assises, Le Cercle des Mahé, Mon Ami Maigret*
– Saint-Raphaël : *Le Testament Donadieu*
– Super-Cannes : *Chemin sans issue*

### DANS LE MONDE

## EUROPE
• **Monaco**
– Monte-Carlo : *Maigret voyage*
• **Suisse**
– Lausanne : *Maigret voyage, La Disparition d'Odile*
• **Angleterre**
– Londres : *Le Revolver de Maigret, \*Les Nolépitois*
– Tottenham Corner : *Le Passage de la ligne*
• **Belgique**
– Anvers : *Bergelon*
– Bruxelles : *Le Locataire, \*Émile à Bruxelles*
– Charleroi : *Le Locataire*
– Embourg : *Pedigree*
– Furnes : *Le Bourgmestre de Furnes*
– Liège : *Le Pendu de Saint-Pholien, La Danseuse du Gai-Moulin, Les Trois Crimes de mes amis, Pedigree, Crime impuni*
– Neeroeteren : *La Maison du canal*
– Ostende : *Le Bourgmestre de Furnes*
– Schaerbeek : *Le Suspect*
• **Pays-Bas**
– Delfzijl : *Un crime en Hollande*
– Groningue : *L'homme qui regardait passer les trains*
– Sneek : *L'Assassin*
• **Allemagne**
– Brême : *Le Pendu de Saint-Pholien*
– Hambourg : *Les Pitard*
• **Norvège**
– Kirkenes : *\*Le Docteur de Kirkenes*
• **Pologne**
– Vilna : *\*Les Mystères du Grand-Saint-Georges*

## TURQUIE
– Istanbul : *Les Clients d'Avrenos, \*Le Policier d'Istanbul*

## URSS
– Batoum : *Les Gens d'en face*

## AFRIQUE
• **Gabon**
– Libreville : *Le Coup de lune, \*Un crime au Gabon*

• **Congo belge**
– Nyangara : *Le Blanc à lunettes*

## AMÉRIQUE
• **États-Unis**
– [Aconda (proche d'El Centro)] : *Les Frères Rico*
– Bisbee : *La Jument-Perdue*
– [Brentwood (inspiré par Lakeville)] : *La Main*
– [Carlson-City (inspiré par Bisbee)] : *Crime impuni*
– El Centro : *Les Frères Rico*
– [Everton (inspiré par Millerton)] : *L'Horloger d'Everton*
– [Hayward (inspiré par Narragansett)] : *Feux rouges*
– Indianapolis : *L'Horloger d'Everton*
– Liberty : *L'Horloger d'Everton*
– Litchfield : *La Mort de Belle*
– New York : *Trois Chambres à Manhattan, Maigret à New York, Les Frères Rico, La Main*
– Oldbridge : *La Boule noire*
– [Santa Clara (inspiré par Sarasota)] : *Les Frères Rico*
– Tucson : *La Jument-Perdue, Maigret chez le coroner*
– Tumacacori : *Le Fond de la bouteille*
– [Williamson (inspiré par Lakeville)] : *La Boule noire*
• **Panamá**
– Colon : *Quartier nègre, Long Cours, \*La Tête de Joseph, L'Aîné des Ferchaux*
– Panamá : *Quartier nègre, \*L'Escale de Buenaventura*
• **Colombie**
– Buenaventura : *Long Cours*
• **Équateur**
– Floréana (île de l'archipel des Galápagos) : *Ceux de la soif*

## OCÉANIE
• **Tahiti**
– Papeete : *Long Cours, Touriste de bananes, Le Passager clandestin*
– Taiarapu : *Le Passager clandestin*

## MERS ET OCÉANS
• **Manche** : *Les Pitard*
• **Mer du Nord** : *Le Passager du « Polarlys », Les Pitard*
• **Mer de Norvège** : *Le Passager du « Polarlys »*
• **Océan Atlantique** : *45° à l'ombre, Les Pitard, Long Cours*
• **Océan Pacifique** : *Touriste de bananes, \*L'Enquête de Mlle Doche, \*Little Samuel à Tahiti, Le Passager clandestin*

# BIBLIOGRAPHIE

## ÉTUDES ET ESSAIS

– *Album Simenon*, iconographie choisie et commentée par Pierre Hebey, Gallimard, Album de la Pléiade, Paris, 2003.
– Bernard Alavoine, *Georges Simenon. Parcours d'une œuvre*, Encrage, Amiens, 1998.
– Bernard Alavoine, *Les Enquêtes de Maigret de Georges Simenon*, Encrage, Amiens, 1999.
– Pierre Assouline, *Simenon. Biographie*, Julliard, Paris, 1992 ; rééd. revue et augmentée : *Simenon*, Gallimard, Folio, Paris, 1996.
– Danielle Bajomée, *Simenon, une légende du XXᵉ siècle*, la Renaissance du Livre, Tournai, 2003.
– Jean-Baptiste Baronian, *Simenon ou le roman gris*, Paris, Éditions Textuel, coll. Passions, 2002.
– Lucile Becker, *Georges Simenon*, Twayne, Boston, 1977 ; rééd. remaniée : *Georges Simenon revisited*, Twayne, New York, 1999.
– Jules Bedner, *Simenon et le jeu des deux histoires. Essai sur les romans policiers*, Institut de Romanistique, Amsterdam, 1990.
– Alain Bertrand, *Georges Simenon*, La Manufacture, Lyon, 1988 ; rééd. revue et augmentée : *Georges Simenon : de Maigret aux romans de la destinée*, CÉFAL, Liège, 1994.
– Alain Bertrand, *Maigret*, Labor, Bruxelles, 1994.
– Marie-Paule Boutry, *Les Trois Cents Vies de Simenon*, Claire Martin du Gard, Paris, 1990 ; rééd. L'Arsenal, Paris, 1994.
– Fenton Bresler, *L'Énigme Georges Simenon*, Balland, Paris, 1985.
– Michel Carly, *Le Pays noir de Simenon*, CÉFAL, Liège, 1996.
– Michel Carly, *Simenon, la vie d'abord !*, CÉFAL, Liège, 2000.
– Michel Carly, *Sur les routes américaines avec Simenon*, Omnibus, Paris, 2002.
– Michel Carly et Michel Lemoine, *Les Chemins belges de Simenon*, CÉFAL, Liège, 2003.
– Salvatore Cesario, *Su Georges Simenon*, Edizioni Scientifiche Italiane, Naples, 1996.
– Pierre Deligny et Claude Menguy, *Simenon au fil des livres et des saisons*, Omnibus, Paris, 2003.
– Stanley G. Eskin, *Simenon. Une biographie*, Presses de la Cité, Paris, 1990.
– Jean Fabre, *Enquête sur un enquêteur. Maigret. Un essai de sociocritique*, Études sociocritiques, Montpellier, 1981.
– Bernard de Fallois, *Simenon*, Paris, Gallimard, 1961 ; rééd. Gallimard, Tel 2003.
– Jean Forest, *Notre-Dame de Saint-Fiacre, ou l'affaire Maigret*, Presses de l'Université de Montréal, Montréal, 1994.
– Didier Gallot, *Simenon ou la comédie humaine*, France-Empire, Paris, 1999.
– Francis Lacassin, *Conversations avec Simenon*, La Sirène/Alpen, Genève, 1990 ; rééd. Éditions du Rocher, Monaco, 2002.
– Michel Lemoine, *Index des personnages de Georges Simenon*, Labor, Bruxelles, 1985.
– Michel Lemoine, *L'Autre Univers de Simenon*, CLPCF, Liège, 1991.
– Michel Lemoine, *Paris chez Simenon*, Les Belles Lettres/Encrage, Paris/Amiens, 2000.
– Michel Lemoine, *Liège couleur Simenon*, CÉFAL/Centre d'Études Georges Simenon, Liège, 2002.
– Paul Mercier, *La Pulsion d'écrire. Approche psychologique de la création romanesque chez Georges Simenon*, PUFC et Belles-Lettres, Besançon, 2003.
– Thomas Narcejac, *Le Cas Simenon*, Presses de la Cité, Paris, 1950 ; rééd. Le Castor astral, Bordeaux, 2000.
– Maurice Piron, avec la collaboration de Michel Lemoine, *L'Univers de Simenon. Guide des romans et nouvelles (1931-1972) de Georges Simenon*, Presses de la Cité, Paris, 1983.
– Anne Richter, *Simenon malgré lui*, Pré aux sources/Les Amis de Georges Simenon, Bruxelles, 1993 ; rééd. La Renaissance du Livre, Tournai, 2002.
– Mathieu Rutten, *Simenon. Ses origines. Sa vie. Son œuvre*, Wahle, Nandrin, 1986.
– Roger Stéphane, *Le Dossier Simenon*, Laffont, Paris, 1961.
– Henri-Charles Tauxe, *Georges Simenon. De l'humain au vide*, Buchet-Chastel, Paris, 1983.
– Denis Tillinac, *Le Mystère Simenon*, Calmann-Lévy, Paris, 1980.
– Pol Vandromme, *Georges Simenon*, Pierre De Méyère, Bruxelles, 1962 ; rééd. : *Georges Simenon romancier russe de langue française*, L'Âge d'Homme, Lausanne, 2000.
– André Vanoncini, *Simenon et l'affaire Maigret*, Honoré Champion, Paris, 1990.
– Hendrik Veldman, *La Tentation de l'inaccessible. Structures narratives chez Simenon*, Rodopi, Amsterdam, 1981.

## OUVRAGES COLLECTIFS

– *Magazine Littéraire*, nᵒ 107, Paris, décembre 1975.
– *Lire Simenon, Réalité/fiction/écriture,* Nathan/Labor, Bruxelles, 1980.
– *Nord'*, nᵒ 7, Lille, juin 1986.
– *Simenon*, « Cistre essais », nᵒ 10, L'Âge d'Homme, Lausanne, 1980.

– *Simenon* (sous la direction de Francis Lacassin et Gilbert Sigaux), Plon, Paris, 1973.
– *Simenon Travelling*, 11ᵉ Festival international du roman et du film noirs, Grenoble, 1989.
– *Télérama hors-série*, n° 41, Paris, janvier 1993.
– *2003. Année Simenon*, Bruxelles, *W + B*, n° 80, octobre 2002.
– *Simenon. L'Homme, l'univers, la création* (sous la direction de Michel Lemoine et Christine Swings), Complexe, Bruxelles, 1993 ; rééd. augmentée, 2002.
– *Le Roman de Simenon* (ouvrage consacré à l'analyse de *Pedigree*, sous la direction de Jacques Dubois et Jean-Louis Dumortier), La Renaissance du Livre, Tournai, 2003.

*Simenon fait aussi l'objet d'études éditées dans deux publications annuelles :*

– *Cahiers Simenon*, Les Amis de Georges Simenon, Bruxelles, depuis 1987.
– *Traces* (Travaux du Centre d'études Georges Simenon), Université de Liège, Centre d'études Georges Simenon, depuis 1989.

## À PROPOS DES ADAPTATIONS CINÉMATOGRAPHIQUES ET TÉLÉVISUELLES

On trouvera une filmographie abondamment commentée dans Claude Gauteur, *D'après Simenon*, Carnets Omnibus, Paris, 2001, et des compléments dans Dick Tomasovic, « Le petit cinéma de Georges Simenon », in *W + B*, n° 80, octobre 2002, p. 35-43. Voir aussi Michel Carly, *Moteur ! Monsieur Simenon*, CÉFAL, Liège, 1999.

## TABLE DES ILLUSTRATIONS

### COUVERTURE

**1ᵉʳ plat** Simenon photographié par Pierre Vals, août 1957 ; Simenon vu par Major, avril 1952. Collections du Fonds Simenon de l'Université de Liège, (FS/UL).
**Dos** *Idem* (détail).
**2ᵉ plat** Couverture de *Maigret et le corps sans tête*, Presses de la Cité, 1955. FS/UL.

### OUVERTURE

**1** Une des machines à écrire de Georges Simenon.(FS/UL).
**2h** Simenon en train d'écrire à bord de l'*Ostrogoth*, 1929. FS/UL.
**2b** « Comprendre et ne pas juger » : devise de Simenon.
**3** Enveloppe jaune manuscrite du *Chien jaune*. FS/UL.
**4h** Simenon à sa machine à écrire, Cannes, 1956.

**4b** « Un personnage de roman, c'est n'importe qui dans la rue » (Simenon).
**5** Tapuscrit corrigé de *L'Enterrement de M. Bouvet*, 1950. FS/UL.
**6** Simenon à sa machine à écrire, 1952.
**7** Page de l'agenda 1952 de Denyse Simenon, vendredi 21 mars. FS/UL.
**8** Simenon à sa machine à écrire, vers 1970.
**9** Détails des calendriers de rédaction du *Voleur de Maigret*, novembre 1966 (haut), de *Maigret et l'indicateur*, juin 1971 (milieu) et des *Anneaux de Bicêtre*, octobre 1962 (bas). FS/UL.
**11** Simenon et ses Maigret, juin 1970.

### CHAPITRE 1

**12** Le pont des Arches et la rue Léopold à Liège, carte postale. FS/UL.
**13** Ensemble d'articles de Simenon alias Monsieur Coq pour sa

chronique « Hors du poulailler », *Gazette de Liège*, années 1919-1920. FS/UL.
**14h** Détail de l'acte de naissance de Georges Simenon, février 1903.
**14g** Chrétien Simenon, grand-père parternel de Georges Simenon, devant sa chapellerie. FS/UL.
**14d** Simenon et son frère Christian, aux côtés de leurs parents, à Liège, vers 1908. FS/UL.
**15** Simenon en tambour-major, dans un spectacle monté par l'institut Saint-André des Écoles chrétiennes, Liège, 1914. FS/UL.
**16h** Prix de diction de Georges Simenon, classe de cinquième moderne, collège Saint-Servais, Liège. Collection Claude Menguy.
**16m** Devant la maison des Simenon avec une des locataires d'Henriette Simenon, Frida Stavitskaïa. FS/UL.

**17** Carte postale de Simenon adressée à l'une de ses tantes, 2 août 1914. FS/UL.
**18-19h** Titre du quotidien *Gazette de Liège*, 4 janvier 1921.
**18m** Simenon en 1918. FS/UL.
**18bg** Extrait du manuscrit d'*Au pont des Arches*, rédigé en 1920. FS/UL.
**18bd** Boîte de pilules pour pigeons, pharmacie Germain, à Liège. FS/UL.
**19** 1ᵉʳ plat de couverture d'*Au pont des arches*, imprimerie Bénard, Liège, 1921. FS/UL.
**20hg** Livret militaire de Simenon, 1922. FS/UL.
**20-21m** « La police scientifique », titre d'un article de Simenon pour la *Gazette de Liège*, 3-4 juin 1921. FS/UL.
**20b** Simenon sur la plage du Coq-sur-Mer, peinture de Régine Renchon, août 1922. Collection particulière.
**21** Désiré Simenon

lisant son journal, Liège, vers 1918-1920. FS/UL.

**CHAPITRE 2**

**22** Simenon à l'époque des romans populaires, vers 1925-1928. FS/UL.
**23** Romans de Simenon publiés sous divers pseudonymes dans la collection « Le Petit Roman », Ferenczi. FS/UL.
**24h** Portrait de Simenon, par Régine Renchon, huile sur toile. Collection particulière.
**24b** Enveloppe de *Paris-Matinal*. FS/UL.
**24h** Autoportrait de Régine Renchon, huile sur toile. Collection particulière.
**24b** Caricature de Régine Renchon, par Del. Collection particulière.
**26hg** 1ers plats de couv. d'*Orgies bourgeoises* (Prima, « Gauloise », 1926) et de *Défense d'aimer* (Ferenczi, « Le Petit Livre », 1927). FS/UL.
**26hm** 1er plat de couv. du *Roi du Pacifique*, Ferenczi, « Le Livre de l'aventure », 1929.
**26hd** 1ers plats de couv. d'*Histoire d'un pantalon* (Prima, « Gauloise », 1926) et d'*Amour d'Afrique* (Ferenczi, « Le Petit Livre », 1927). FS/UL.
**26b** « Un falzar chez la colonelle », signé Gom Gut, *Paris-Flirt*, automne 1925. FS/UL.
**27h** et **27m** Simenon à sa machine à écrire, à l'époque des romans populaires. FS/UL.

**28** Double page de l'agenda 1924 de Simenon. FS/UL.
**28b** Simenon au bar de son appartement, 21, place des Vosges, à Paris. FS/UL.
**29** *Idem*, avec Tigy (à gauche) et Suzy Solidor. FS/UL.
**30g** 1er plat de couv. de *Nox l'insaisissable* (Ferenczi, « Le Roman policier », 1926). FS/UL.
**30d** 1er plat de couv. de *Paris leste*, Paris-Plaisir, 1927.
**31g** Projet d'affiche de *Paris-Matin* relatif à l'exploit de la « Cage de verre ». FS/UL.
**31d** Caricature relative à la « Cage de verre », *Le Canard enchaîné*, 23 février 1927. FS/UL.
**32h** Maquette de couverture du *Josephine Baker's Magazine*, illustration de Paul Colin. FS/UL.
**32b** Simenon à Paris, entre Tigy et Joséphine Baker. FS/UL.
**33h** Simenon en 1927 à l'île d'Aix. FS/UL.
**33b** Page de maquette du *Josephine Baker's Magazine*, illustrations de Paul Colin. FS/UL.
**34h** 1er plat de couv. de *La Femme 47*, Fayard, « Le Livre populaire », 1930. FS/UL.
**34md** Questions du concours hebdomadaire des « 13 énigmes », *Détective*, 3 octobre 1929.
**34m** « Les 13 énigmes », *ibidem*.
**35h** « Les 13 mystères », *Détective*, 28 mars 1929.
**35m** Les membres du jury du concours de

*Détective*, *ibidem*.
**35d** 1er plat de couv. des *13 Mystères*, Fayard, 1932.
**36h** À bord du *Ginette*, sur le Rhône, 1928. FS/UL.
**36b** Photographies du baptême de l'*Ostrogoth*, à Paris, par le curé de Notre-Dame, 1929. FS/UL.
**37h** Simenon et Tigy en pique-nique, 1928-1929. FS/UL.
**37b** Simenon en train d'écrire à bord de l'*Ostrogoth*, 1929. FS/UL.
**38g** et **38d** Projets de couverture de *La Folle d'Itteville* et de *L'Affaire des 7*, par Georges Simenon et Germaine Krull, pour les éditions Jacques Haumont, 1931. FS/UL.
**39h** Simenon et Tigy en Laponie, hiver 1929-1930. FS/UL.
**39b** Georges Simenon et Germaine Krull à Morsang-sur-Seine, été 1930. FS/UL.
**40h** Au Bal anthropométrique, cabaret de la *Boule blanche*, 20-21 février 1931. FS/UL.
**40-41m** « M. Gallet, décédé, reçoit… », titre d'un article de *Candide*, 26 février 1931. FS/UL.
**41h** 1ers plats de couv. du *Pendu de Saint-Pholien*, *M. Gallet décédé*, *Pietr-le-Letton* et *Le Chien jaune*.
**42h** Scène du *Chien jaune* de Jean Tarride, 1932. FS/UL.
**42m** Signature du contrat passé entre Jean Renoir et

Simenon pour l'adaptation cinématographique de *La Nuit du carrefour*, 31 octobre 1931. FS/UL.
**43hg** et **43hd** Scènes de *La Nuit du carrefour*, de Jean Renoir, 1931. FS/UL.
**43b** Pierre Renoir dans le rôle de Maigret, dans *La Nuit du carrefour*, de Jean Renoir, 1931. FS/UL.
**44-45** Simenon à La Richardière (Marsilly), en train de travailler au scénario de *La Tête d'un homme*, avec l'acteur Valéry Inkijinoff, 1932, reportage *Pour Vous*, 19 mai 1932. FS/UL.
**45m** Scène de *La Tête d'un homme*, avec Valéry Inkijinoff dans le rôle de Radek et Harry Baur dans celui de Maigret, adaptation de Jean Duvivier, 1933. FS/UL.

**CHAPITRE 3**

**46** Simenon, photographie Raymond Voinquel, 1939.
**47g** Carte de presse de Simenon, *Paris-Soir*. FS/UL.
**47m** 1er plat de couv. de *Quartier nègre*, Gallimard, 1935.
**47d** Simenon en train de photographier. FS/UL.
**48h** Simenon en Afrique, été 1932. FS/UL.
**48b** Une du magazine *Voilà*, 15 octobre 1932.
**49h** Simenon à La Richardière (Marsilly). FS/UL.
**50d** 1er plat de couv. de *Maigret*, Fayard,

1934. FS/UL.

**50b** « Chez Léon Trotsky », article de Simenon pour *Paris-Soir*, 16 juin 1933. FS/UL.

**51g** Simenon en Russie, été 1933. FS/UL.

**51d** 1er plat de couv. des *Gens d'en face*, Fayard, 1933. FS/UL.

**52h** Photographies prises par Simenon en Tunisie, 1933. Détail de l'une des pages d'albums conservés au Fonds Simenon de l'université de Liège.

**52b** et **53b** Photographies prises par Simenon en Pologne, 1934. FS/UL.

**53h** Photographies prises par Simenon en Afrique, 1932. FS/UL.

**54** Simenon à Porquerolles. FS/UL.

**55h** Simenon participant à une partie de boules sur la place de Porquerolles. FS/UL.

**55b** Tigy et Simenon à Porquerolles.

**56g** Simenon à la radio en 1935.

**56d** 1er plat de couv. de *L'Assassin*, Gallimard, 1937.

**57** « Le commissaire Maigret reprend du service », une de *Paris-Soir Dimanche*, 24 octobre 1936.

**58b** Une de *Police Magazine*, 10 avril 1938.

**58-59** Illustration de *Police Magazine*, 17 avril 1938.

**59h** Simenon à La Rochelle en 1938. FS/UL.

**60h** Extrait d'une lettre d'André Gide adressée à Simenon, 6 janvier

1938. FS/UL.

**60b** Publicité relative au mouvement « Sans Haine ». FS/UL.

**61** Simenon avec son fils Marc, sur une plage du littoral vendéen ou charentais.

**62h** Simenon et son fils Marc au château de Terre-Neuve à Fontenay-le-Comte. FS/UL.

**62b** Simenon à une fête foraine en Vendée.

**63h** Simenon en train d'écrire au château de Terre-Neuve à Fontenay-le Comte. FS/UL.

**63b** Enveloppe manuscrite pour la rédaction de *Pedigree*.

**64h** Enveloppe manuscrite pour la rédaction de *L'Aîné des Ferchaux*. FS/UL.

**64b** Page de titre de *Pedigree de Marcsimenon*, 1940.

**65g** Photographie d'André Gide dédicacée à Georges Simenon. FS/UL.

**65h** Carte postale d'André Gide adressée à Georges Simenon. FS/UL.

**66h** *Simenon, ses débuts, ses projets, son œuvre*, Gallimard, 1942.

**66m** Envoi manuscrit de Colette à Simenon en réponse à l'envoi de *La Fuite de Monsieur Monde*. FS/UL.

**67g** Raimu et Juliette Faber dans *Les Inconnus dans la maison*, 1942. FS/UL.

**67d** Affiche des *Inconnus dans la maison*, 1942. FS/UL.

**68h** Autorisation de

circuler accordée à Simenon par le préfet de Vendée, 26 mars 1945. FS/UL.

**68b** Document établi par les autorités anglaises en 1945 avant le départ de Simenon pour les États-Unis. FS/UL.

**69h** et **69b** Titre et illustration intérieure (Jean Reschofsky) de *Je me souviens…*, Presses de la Cité, 1945. FS/UL.

**CHAPITRE 4**

**70** Simenon devant la direction de la Police judiciaire à Paris, 1952, photographie de Pierre Vals.

**71g** 1er plat de couv. de *Maigret chez le ministre*, Presses de la Cité, 1957. FS/UL.

**71d** 1er plat de couv. des *Mémoires de Maigret*, Presses de la Cité, 1950. FS/UL.

**72h** Denyse Ouimet, vers 1945. FS/UL.

**72b** 1er plat de couv. de *Trois Chambres à Manhattan*, Presses de la Cité, 1946. FS/UL.

**73h** Fernandel et Françoise Arnoul dans *Le Fruit défendu*, d'H. Verneuil, 1952, d'après *Lettre à mon juge*. FS/UL.

**73m** Détail de la 4e de couv. de *Lettre à mon juge*, Presses dela Cité, 1947. FS/UL.

**74g** 1er plat de couv. de *Maigret à New York*, Presses de la Cité, 1947. FS/UL.

**74d** Simenon et son fils Marc à Tumacacori. FS/UL.

**75h** Dernière page du

manuscrit de *La Première Enquête de Maigret*, octobre 1948. FS/UL.

**75mg** 1er plat de couv. de *La Première Enquête de Maigret*, Presses de la Cité, 1949. FS/UL.

**75md** 1er plat de couv. de *Maigret et son mort*, Presses de la Cité, 1948. FS/UL.

**76h** 1er plat de couv. de *Maigret chez le coroner*, Presses de la Cité, 1954.

**76b** Lettre de Jean et Dido Renoir à Georges Simenon, 23 mars 1950. FS/UL.

**77g** 1er plat de couv. du *Cas Simenon* de Thomas Narcejac, Presses de la Cité, 1950. FS/UL.

**77d** Maison de Simenon à Lakeville (Connecticut), vers 1950. FS/UL.

**78-79** Simenon de retour à Liège en 1952, photographie Daniel Filipacchi.

**79b** Simenon arrivant à Paris, 18 mars 1952.

**80h** Simenon aux côtés du commissaire Massu, à Paris en 1952. FS/UL.

**80** Simenon à Paris en 1952, devant la Police judiciaire. FS/UL.

**81** Simenon en visite à la Police judiciaire de Paris, 1952. FS/UL.

**82h** Affichage dans le métro, station Rue-du-Bac, pour le lancement du premier tome des « Omnibus » de Simenon, 1951.

**82b** Lettre de Henry Miller à Simenon, juin 1954. FS/UL.

**83h** Couverture de

*Maigret et le corps sans tête*, Presses de la Cité, 1955. FS/UL.
**83b** Lettre de Jean Cocteau à Simenon, 21 mai 1955. FS/UL.
**84** Simenon et Jean Gabin aux studios d'Épinay, 1957. FS/UL.
**85hg** Lettre de Marcel Pagnol à Simenon, mars 1957.
**85md** La villa de Simenon à Cannes. FS/UL.
**85bd** Simenon à sa machine à écrire, Cannes, photographie E. Quinn, 1956.
**86** Michel Simon dans *Panique*, de Julien Duvivier, 1947. FS/UL.
**87** Scène de *L'Homme de la tour Eiffel*, de Burgess Meredith, 1949.
**88h** Scène de *Maigret tend un piège*, de Jean Delannoy, 1958. FS/UL.
**88b** Jean Gabin et Brigitte Bardot dans *En cas de malheur*, de Claude Autant-Lara, 1958. FS/UL.
**89h** Scène du *Bateau d'Émile*, de Denys de la Patellière, 1962. FS/UL.
**89b** Affiche de *La Vérité sur Bébé Donge*, de Henri Decoin, 1952. FS/UL.
**90h** Simenon, Denyse et leurs enfants à Échandens, près de Lausanne, vers 1960.
**90b** « *Simenon's Castle* », article sur Simenon dans *MD Pictorial*, juillet 1960. FS/UL.
**91** 1er plat de couv. du *Nègre*, Presses de la Cité, 1957. FS/UL.
**92** Simenon à Échandens,

photographié par Robert Doisneau, 28 avril 1961.
**93h** Simenon, Jeanne Moreau et Federico Fellini au festival de Cannes, mai 1960.
**93m** Affiche du *Président*, d'Henri Verneuil, 1961. FS/UL.
**94 g** 1er plat de couv. du *Petit Saint*, Presses de la Cité, 1965. FS/UL.
**94d** Simenon devant sa maison d'Épalinges, dominant Lausanne.
**95** Simenon photographié par Robert Doisneau, 1962.
**96** Inauguration de la statue de Maigret de Pierre Hondt, à Delfzijl, 3 septembre 1966, en présence d'interprètes du commissaire Maigret, photographie de Sergio del Grande. FS/UL.
**97h** Lettre de Jean Renoir à Simenon, 5 septembre 1967. FS/UL.
**97m** Enveloppe du *Voleur de Maigret*. FS/UL.
**97b** Calendrier de rédaction du *Voleur de Maigret*, novembre 1966. FS/UL.
**98h** De gauche à droite, Harry Baur Charles Laughton et Michel Simon dans le rôle de Maigret. FS/UL.
**98b** Enveloppe de *Victor* (roman jamais rédigé), 18 septembre 1972. FS/UL.
**99hg** Jean Gabin dans le rôle de Maigret.
**99hm** Jean Richard *idem*. FS/UL.
**99hd** Bruno Crémer *idem*. FS/UL.
**99b** L'acteur japonais

Kinya Aikawa dans le rôle de Maigret. FS/UL.
**100h** 1ers plats de couv. de : édition américaine du *Pendu de Saint-Pholien* (Covici Friede Publishers, New York, 1932) ; édition russe de *Maigret et la grande perche* (Moscou, 1991) ; édition anglaise de *Maigret et le client du samedi* (Hamish Hamilton, Londres, 1964) ; édition en hébreu de *La Nuit du carrefour* (1966). FS/UL.
**101h** 1ers plats de couv. de : édition hongroise du *Chien jaune* (Ifjùsàgi Könyvkiado, Bucarest, 1966) ; édition croate de *Maigret et le clochard* (Matica Hrvatska, Zagreb, 1966) ; édition espagnole de *L'Inspecteur cadavre* (Ayma, Barcelone, 1951) ; édition japonaise de *La Tête d'un homme* (Shonyûsha, Tokyo, 1945). FS/UL.
**100-101** Simenon et ses Maigret, juin 1970.

### Chapitre 5

**104** Simenon, 20 décembre 1976.
**105** Affiches de *L'Étoile du Nord*, *Les Fantômes du chapelier*, *Le Train*, *Monsieur Hire*. FS/UL.
**106h** La dernière demeure de Simenon à Lausanne, avenue des Figuiers.
**106b** 1er plat de couv. de *Lettre à ma mère*, Omnibus, 1999.
**107** Première de couverture de *L'Express*, 21 février

1977. FS/UL.
**108g** 1er plat de couv. de *Mémoires intimes*, Presses de la Cité, 1981. FS/UL.
**108d** Marie-Jo Simenon. FS/UL.
**108b** Première page du manuscrit de *Mémoires intimes*. FS/UL.
**109h** Dernière lettre de Jean Renoir à Simenon, 17 mars 1978. FS/UL.
**109d** Simenon et Teresa, sa dernière compagne.
**110-111** Simenon à Liège en 1952, photographié par Daniel Filipacchi.
**112** Simenon à Épalinges en 1972.

### TÉMOIGNAGES ET DOCUMENTS

**113** Simenon à Paris, photographie Pierre Vals, 1952.
**117** Simenon et sa production romanesque, Lakeville. FS/UL.
**129** 4e de couv. du *Coup de Lune*, Fayard, 1953.

## INDEX GÉNÉRAL

### A

Académie des Beaux-Arts (Liège) 19.
Académie royale de langue et de littérature françaises de Belgique 77, *79*.
Afrique 48, *48*, 49, *55*, 65.
Aiguillon, L' 64.
Aix, île d' 32, *33*.
Aix-la-Chapelle 21.
Allemagne 34.
Alpes 57.
Amado *82*.
Amérique 69, *74*.

Angleterre 83, *99*.
Antibes 42, 48.
*Araldo* (voilier) 51.
Arizona 74, *74*, 75, 103.
Arnoul, Françoise *73*.
*Arts* (revue) 67.
Assouline, Pierre *81*.
Autant-Lara, Claude
  *89*.

**B**

Bachelard, Gaston 94.
Baker, Joséphine 27,
  30, 32, *32*.
Balzac, Honoré de 85,
  92, *97*.
Barrès, Maurice 25.
*Bateau d'Émile, Le*
  (film, D. de la
  Patellière) *89*.
Batignolles, boulevard
  des (Paris) 103.
Batoum *51*.
Baule, La 97, 101.
Baur, Harry *45*, *99*, *101*.
Beaucour, avenue
  (Paris) 24.
Belgique *25*, 61, 91.
Bénouville 27.
Bernard, Tristan 25.
Berry 84.
Bertrand, Alain 18.
*Betty* (film, Cl. Chabrol)
  *105*.
Beynac 60.
Binet-Valmer 24, 25.
Bordeaux 33.
Borromées (îles) 58.
Boule 27, 60, 61, 74, 75,
  76, 77, 95.
Boule blanche
  (cabaret) 41.
Bourboule, La 65.
Bradenton Beach
  (Floride) 72, 73, 74.
Bresler, Fenton *96*.
Bretagne 38, 41.
Brüll *14*.
Brüll, Gabriel *14*.
Brulls, Christian
  (pseudonyme
  G. Simenon) 26.
Bruxelles 77, 91.
Bruxelles, festival du
  film *93*.

Buenaventura 103.
Burgenstock (Suisse)
  92, 93, 94.

**C**

Caen 42.
Canada 69, 72.
*Candide* (journal) *41*.
Cannes 83, 84, *85*, 91,
  92.
Cannes, festival du film
  92, *93*.
Carly, Michel 43.
Carmel 75, 76.
*Cas Simenon, Le*
  (Th. Narcejac) 77.
Caspescha *59*.
Caulaincourt, rue
  (Paris) 26.
Céline, Louis-
  Ferdinand 49, 50, *66*.
Cervi, Gino *96*, *99*.
Chabrol, Claude *89*.
Champs-Élysées,
  Théâtre des 27.
Chaptal, rue (Paris) *75*.
Charleroi 91, *102*.
*Chien jaune, Le* (film,
  J. Tarride) 43, *43*.
Chirat, Raymond *45*.
Clouzot, Henri-
  Georges 67.
Cocteau, Jean *66*, *82*.
Colette 25, *66*.
Colombie 56.
Combloux 57.
Concarneau *103*.
Congo belge 48.
Connecticut 103.
Constantinople *50*.
Constitution,
  boulevard de la
  (Liège) *19*.
Continental (société)
  67.
Crans-sur-Sierre 96, 97,
  101.
Crémer, Bruno *101*.
Creuse, rue (Paris) 25.
Cuba 74.

**D**

*D'après Simenon*
  (Cl. Gauteur) *42*.
Darcet, rue (Paris) 24.

Darmstadt 57.
Daudet, Léon 25.
Davies, Rupert *96*.
Decoin, Henri 67.
Delannoy, Jean *84*.
Delfzijl (Pays-Bas) 35,
  96, *96*.
Denyse Ouimet (*voir*
  Simenon, Denyse).
Descaves, Lucien 50,
  60.
*Détective* 35, *35*, 39, *39*.
Deux-Sèvres 64.
Dieppe 57.
Doisneau, Robert *92*,
  *95*.
*Dolce Vita, La* (film,
  F. Fellini) 92.
Dorsan, Luc
  (pseudonyme
  G. Simenon) 26.
Dostoïevski 16.
Drouin, Henri *35*.
Dukas, Georges *33*.
Duvernois, Henri 25,
  *35*, 42.
Duvivier, Henri 43, *45*.

**E**

Échandens , château d'
  90, 91.
Égypte 48.
Elbe, île d' 51.
Emmerlin, Albert 15.
*En cas de malheur* (film,
  Cl. Autant-Lara) *89*.
Enseignement, rue de l'
  (Liège) 18.
Épalinges (Lausanne)
  94, 95, *95*, 96, 106.
Équateur 56.
*Équateur* (film,
  S. Gainsbourg) *105*.
États-Unis *68*, 72, *75*,
  77, *99*.
Étretat 27.
Évian 57.
*Express, L'* (journal)
  *84*, *107*.

**F**

Faber, Juliette 67.
*Fantômes du chapelier,
  Les* (film,
  Cl. Chabrol) *105*.

Farrère, Claude 25.
Faute, La 64.
Fayard, éditions 40, 41,
  50.
Fécamp 27, 34, 103.
Fellini, Federico 92, *93*,
  *107*.
Fels, Florent 50.
Ferenczi, éditions *23*,
  25, 26, *26*, 30, *30*.
Fernandel *73*.
Figuiers, avenue des
  (Lausanne) 106.
Filipacchi, Daniel *111*.
Fischer, Alex 24.
Fischer, Max 24.
Flers, Robert de 25.
Floreana (Galapagos)
  56.
Florence 96.
Floride 72.
Fontenay-le-Comte 62,
  82.
Fontenioux, Alain de
  62.
Forgeur, Ernest 19.
Fort, Paul 25.
Fouron-le-Comte
  (Belgique) 100, 101.
France *16*, 51, 56, *68*, 69,
  75.
*France-Soir* (journal)
  69, 72.
*Froufrou* (magazine)
  *26*.
*Fruit défendu, Le* (film,
  H. Verneuil) *73*, *93*.

**G**

Gabin, Jean *84*, *99*, *101*.
Galápagos 49, 56.
Gallimard, Gaston, 50.
Gallimard, éditions 34,
  35, 47, 50, 69.
Garçon, Maurice *35*, 76.
Gatounière, La
  (Mougins) 83.
Gauteur, Claude *42*.
*Gazette de Liège*
  (quoditien) 13, *13*, 18,
  *18*, 19, 20, 21, *21*.
Gênes 51.
*Gens qui rient*
  (magazine) *26*.
Georges Argentin

(chantier) 34.
Georges-Martin-Georges (pseudonyme G. Simenon) 26.
Géorgie 74.
Gide, André 58, 62, 63, 65, 69, 73, 82.
Ginette (canot) 33, 37, 103.
Glengary House (Saint Andrews) 72.
Gogol 16.
Golden Gate (Cannes) 83, 85, 91.
Gom Gut (pseudonyme G. Simenon) 26.
Goncourt (prix) 50.
Grands boulevards (Paris) 103.
Grangier, Gilles 84.
Guayaquil 56, 102.
Gueldre, rue de (Liège) 15.
Guichard, Xavier 81.
Guigneville-sur-Essonne 41.
Guillaume, Marcel (commissaire) 81.
Guillemin, Henri 17, 17.

**H - I - J - K**
Hambourg 38.
Hollywood 75.
Homme de la Tour Eiffel, L' (film) 89.
Hont, Pierre d' 96.
Humour, L' (magazine) 26.

Igls 57.
Indochine 68.
Ingrannes 56.
Inkijinoff, Valéry 45.
Ista, Georges 24, 25.
Italie 99.

Jeanne d'Albret, rue (La Rochelle) 60.
Josephine Baker's Magazine 32.
Jour, Le (journal) 51.
Journal, Le 24.

Kessel, Georges 35, 35.
Keyserling 57.
Kinya Aikana 101.
Krull, Germaine 38.

**L**
Lafnet, Luc 19.
Lakeville (Connecticut) 76, 77, 77, 82.
Laponie 38, 39.
Lappe, rue de (Paris) 25.
Laughton, Charles 99, 101.
Lausanne 91, 94, 106, 107.
Lazareff, Pierre 69.
Léman, lac 103.
Léopold, rue (Liège) 13, 13, 14.
Lézardière, La 57.
Liberge, Henriette (voir Boule).
Libreville 49.
Liège 13, 14, 24, 25, 65, 77, 79, 84, 91, 92, 101, 111.
Lime Rock (Connecticut) 76.
Loi, rue de la (Liège) 15, 16, 16, 17.
Londres 68, 92, 93.
Loups, Les (G. Mazeline) 50.
Lyon 33.

**M**
Mac Orlan, Pierre 35, 82.
Maigret 25, 34, 35, 38, 39, 40, 40, 41, 41, 42, 42, 43, 45, 48, 49, 50, 51, 57, 57, 59, 60, 61, 62, 63, 64, 65, 71, 74, 75, 75, 79, 81, 82, 83, 84, 91, 92, 93, 95, 96, 96, 97, 97, 99, 100, 101, 101.
Maigret tend un piège (film, J. Delannoy) 89.
Malte 51.
Mambrino, Jean 95.
Maraîchers, rue des (Liège) 17.
Marseille 38.

Marsilly 48, 50.
Massu (commissaire) 81.
Matin, Le (journal) 25, 26, 31.
Mauriac, François 66.
Mazeline, Guy 50.
Mercier, Paul 109.
Merle, Eugène 24, 30, 31.
Merle rose, Le (magazine) 26, 32.
Mexique 74.
Milan 77.
Miller, Henry 82, 92.
Mohr, Arminio 15.
Mon Flirt (magazine) 26.
Monsieur le Coq (pseudonyme G. Simenon) 19.
Montparnasse (Paris) 25, 27.
Montreux 107.
Moreau, Jeanne 93.
Morsang-sur-Seine 38, 38, 41, 69.
Murnau, F. W Plumpe dit 56.

**N - O**
Narcejac, Thomas 77, 77.
Nausée, La (J.-P. Sartre) 49.
Neuilly 57, 58, 60.
New York 56, 69, 72, 74.
Nieul-sur-Mer 59, 60, 61, 83.
Nogales (Mexique) 74, 75.
Normandie 65.
Nouveau-Brunswick 72.
NRF (éditions) 66.
Nuit du carrefour, La (film, J. Renoir) 42, 43.

Odessa 16, 51, 102.
Offenstadt (frères) 58.
Orfèvres, quai des (Paris) 81, 103.
Orléans (forêt d') 51, 57.
Ostrogoth (bateau) 34, 35, 37, 38, 39, 41, 42, 103.

Ouistreham 42.
Outremeuse (Liège) 15, 18, 103, 111.

**P**
Pagnol, Marcel 66, 85.
Panamá 49, 56, 65, 103.
Panetier, Odette 41.
Panique (film, J. Duvivier) 89.
Paray-le-Frésil 25.
Paris 21, 24, 32, 33, 37, 42, 48, 57, 61, 63, 68, 71, 77, 79, 83, 84, 96, 108.
Paris-Centre (journal) 25.
Paris-Flirt (magazine) 26.
Paris-Match (magazine) 99.
Paris-Matin (journal) 30, 31.
Paris-Matinal (journal) 24, 31.
Paris-Midi (journal) 42.
Paris-Soir (journal) 26, 27, 27, 47, 50, 50, 56.
Paris-Soir Dimanche (journal) 57, 57.
Pasteur, rue (Liège) 15.
Pays-Bas 34, 84, 91, 96.
Perry, Jean du (pseudonyme G. Simenon) 26.
Petit Parisien, Le (journal) 24.
Peuple, Le (journal) 21.
Phallus d'or, Le (O. Dessane) 109.
Picardie 91.
Pied-du-Pont-des-Arches, rue (Liège) 19.
Piron, Maurice 48, 66, 106, 109.
Plumier, Georges 21, 24.
Police judiciaire (Paris) 71, 81.
Police-Film 58.
Police-Magazine 58.
Pologne 55.
Porquerolles, 30, 51, 55, 57.
Port-en-Bessin 58.

Pouilly 25.
*Pour vous* (journal) 43.
Pouzauges, route de 64, 65.
Préjean, Albert *99.*
*Président, Le* (film, H. Verneuil) 93.
Presses de la Cité, éditions 69, *69, 71*, 77, *83.*
Prima, éditions *26*, 30.
Prinkipo, île de *50.*
Punaauia (Tahiti) 56.

## Q - R

Québec 72.
Queneau, Raymond 66.

Racelle-Latin, Danièle 66.
Raimu *67.*
Raspail, boulevard (Paris) 41.
Reboux, Paul 27, *27.*
Renaudot (prix) 50.
Renchon, Régine (*voir* Tigy/Régine Simenon).
Renoir, Jean 42, *42, 97, 109.*
Renoir, Pierre *42, 99.*
Reschofsky, Jean 69.
*Revue sincère, La* 21, 24.
Rhône (fleuve) 33, *37.*
Richard, Jean 97, *99, 101.*
Richardière, La *45*, 48, *49*, 51.
Rinaldi, Angelo 106.
*Rire, Le* (magazine) *26.*
Rochelle, La 32, 48, *49*, *59*, 60, 61, 103.
Rome 77.
Roquette, rue de la (Paris) *25.*
Rühmann, Heinz *96, 99.*
Russie 84.

## S

Sables-d'Olonne, Les 68.
Saint-André, institut (Liège) 15, *15.*
Saint Andrews (Nouveau-Brunswick) 72.
Sainte-Marguerite-du-
Lac-Masson (Québec) 72.
Saint-Fargeau 69.
Saint-Louis, collège (Liège) 16.
Saint-Macaire 38.
Saint-Mesmin 64, 67.
Saint-Moritz 57.
Saint-Servais, collège (Liège) 16,
Sancerre 25, 58.
*Sans-Gêne* (magazine) *26.*
Sarasota 72.
Sardaigne 51.
Sartre, Jean-Paul 49.
Saucy, boulevard (Liège) *19.*
Sburelin, Teresa 92, 95, 101, 106, 109, *109.*
Seconde Guerre mondiale 66.
Seichebrières 51.
Seine (vallée de la) 38.
Seine-Port 38, 69.
Shadow Rock Farm (Lakeville) 76.
Sharon 82.
Sicile 51.
Sim, Georges (pseudonyme G. Simenon) 19, 20, 25, 26, 30, 31, *32.*
Simenon, Christian *14*, 15, *68.*
Simenon, Denyse (née Ouimet) 72, *72*, 74, 75, 76, 77, 83, 94, 107, 108, 109.
Simenon, Désiré 14, 21, *21*, 62.
Simenon, Henriette, née Brüll 14, 15, 101.
Simenon, John 76, *79.*
Simenon, Marc 60, 61, *61*, 62, *62*, 63, 65, 72, 74, *74*, 75, 76, 77, 95.
Simenon, Marie-Jo 82, 96, *108*, 109.
Simenon, Pierre 91, 96, 106.
Simon, Michel *96, 101.*
Soudan 48.
*Sourire, Le* (magazine) *26.*
Staviren 38.
Stavistskaïa, Frida *16.*
Strasbourg 61.
Stud Barn (ranch) 75.
*Sud-Ouest Dimanche* (journal) *59.*
Suisse *84.*

## T

Tahiti 49, 56.
Tallandier, éditions *26*, 30.
Tarride, Abel *43.*
Tarride, Jean 43, *43.*
Tchekhov 16.
Tenine, Boris *99.*
Tennessee 74.
Terre-Neuve, château de 62, *62.*
Teulings, Jan *96.*
Thisse, Oscar 32.
Tigy/Régine Simenon 19, *20*, 21, 24, *24, 25*, 26, 27, *29, 37*, 38, 50, *55*, 56, 60, 61, 67, 72, 74, 75, 76, 109.
Tracy, Raymond de 25.
Trotski *16*, 50, *50.*
Tucson (Arizona) 74, 75.
Tumacacori 75.
Tunisie 51, *55.*
Turquie 50.
Tyrol 57.

## U - V - W

Uccle (Bruxelles) 60.
*Un oiseau pour le chat* (D. Simenon) 107.

Vavin, rue (Paris) 41.
Vendée 61.
Venise 91, 92.
Verneuil, Henri *73, 93.*
Versailles 92.
Verviers (Belgique) *79.*
Vichy 97.
Victor-Hugo, quai (Fontenay-le-Comte) 62.
*Vif-l'Express, Le* 89.
Vlaminck 27.
*Voilà* (journal) *47, 48*, 49, 50.
Vosges, place des
(Paris) 26, 29, 30.
Vouvant 62.
*Voyage au bout de la nuit* (L.-F. Céline) 50.

Wagner, baronne de 56.
Wagram-Saint-Honoré, villa (Paris) 24.

## INDEX DES ŒUVRES DE SIMENON

*Ne sont retenus ici que les titres faisant l'objet d'une mise en situation ou d'un développement.*

### A-B

*Affaire des sept, L'* 38.
*Affaire du boulevard Beaumarchais, L'* 57.
*Affaire Saint-Fiacre, L'* 48, 100.
*Aîné des Ferchaux, L'* 49, *64*, 65, 68.
*Amant sans nom, L'* 34.
*Amants du malheur, Les* 39, *40.*
*Âne rouge, L'* 48, 68.
*Anneaux de Bicêtre, Les* 93.
*Assassin, L'* 56, 57.
*Au bout du rouleau* 72.
*Au Pont des Arches* 19, *19.*
*Au Rendez-vous-des-Terre-Neuvas* 42.
*Autres, Les* 92.
*Betty* 92, *105.*
*Blanc à lunettes, Le* 57.
*Bourgmestre de Furnes, Le* 60.

### C

*Cage de verre, La* 101.
*Captain S.O.S.* 35.
*Cécile est morte* 62.
*Cercle des Mahé, Le* 67.
*Ceux de la soif* 49, 51.
*Chair de beauté* 34.
*Chambre bleue, La* 94.
*Charretier de la*

«Providence», Le 40, 41.
Chat, Le 97.
Château des Sables Rouges, Le 35.
Chemin sans issue 57.
Cheval-Blanc, Le 60.
Chez Krull 60, 66.
Chez les Flamands 48.
Chien jaune, Le 41, 43, 43.
Clan des Ostendais, Le 72.
Colère de Maigret, La 93.
Complices, Les 83.
Compotier tiède, Le 21.
Confessionnal 69, 96.
Coup de lune, Le 48, 49, 105.
Coup-de-vague, Le 60, 61.
Cour d'assises 58, 59.
Crime impuni 82.
Danseuse du Gai-Moulin, La 42.

**D-E-F**

Demoiselles de Concarneau, Les 57.
Destin des Malou, Le 74.
Deuxième Bureau 34, 35.
Dossiers de l'agence O, Les 60.
Écluse N°1, L' 50.
En cas de malheur 83, 85.
Énigme de la «Marie-Galante», L' 38.
Enterrement de monsieur Bouvet, L' 76, 94.
Épave, L' 38.
Errants, Les 38.
Escalier de fer, L' 82.
Évadé, L' 51.
Évasion, L' 39.
Exploits de Sancette 35.
Fantômes du chapelier, Les 75, 105.
Faubourg 51, 66.
Félicie est là 64.
Femme 47, La 34, 34.
Femme rousse, La 38.

Feux rouges 82.
Fiançailles de M. Hire, Les 48.
Fiancée aux mains de glace, La 16, 34.
Fiancée du diable, La 39.
Fièvre 38, 39.
Figurante, La 38.
Fils Cardinaud, Le 63, 66.
Folle d'Itteville, La 38.
Folle de Maigret, La 100, 101.
Fond de la bouteille, Le 74, 75.
Forçats de Paris, Les 38, 39.
Fou de Bergerac, Le 48.
Frères Ricco, Les 82.
Fuite de Monsieur Monde, La 67.

**G-H-I-J**

Gens d'en face, Les 50, 51.
Guinguette à deux sous, La 42, 58.
Homme à la cigarette, L' 35, 38.
Homme qui tremble, L' 38, 40.
Horloger d'Everton, L' 83.
Hors du poulailler 18.
Il pleut bergère... 61, 66.
Il y a encore des noisetiers 93, 97.
Inconnue, L' 16, 35, 38.
Inconnus dans la maison, Les 60, 67.
Inspecteur Cadavre, L' 65, 82.
Jehan Pinaguet 20.
Jument-Perdue, La 74, 74.

**L**

L'homme qui regardait passer les trains 58.
La neige était sale 75, 83.
Lettre à ma mère 105, 106, 106.
Lettre à mon juge 73, 73, 83.
Liberty-Bar 48.

Locataire, Le 50, 66.
Long Cours 49, 57, 68.

**M**

M. Gallet, décédé 40, 40, 41.
Maigret à l'école 82; Maigret à New York 72, 83; Maigret a peur 82; Maigret au Picratt's 65, 77; Maigret aux assises 59, 82, 91; Maigret chez le coroner 74, 76, 83; Maigret chez le ministre 51, 83; Maigret et l'affaire Saint-Fiacre 84; Maigret et l'homme du banc 65, 82; Maigret et l'Inspecteur Malgracieux 72; Maigret et la Grande Perche 77; Maigret et la jeune morte 65, 83; Maigret et la vieille dame 76; Maigret et le clochard 93; Maigret et le corps sans tête 83; Maigret et le fantôme 94; Maigret et le voleur paresseux 92; Maigret et les braves gens 92; Maigret et Monsieur Charles 101, 106; Maigret et son mort 74, 100; Maigret hésite 97, 100; Maigret se défend 95; Maigret se fâche 69; Maigret se trompe 82; Maigret tend un piège 83, 84, 100; Maigret voyage 91, 94.
Main, La 97.
Mains pleines, Les 69.
Maison de l'inquiétude, La 38, 39.
Maison du canal, La 50, 66.
Maison du juge, La 61.
Malempin 61.
Marie du Port, La 58.
Marie Ledru 25.
Marie qui louche 77.

Marie-Mystère 34.
Matricule 12 35, 38.
Mémoires de Maigret, Les 45, 66.
Mémoires intimes 39, 49, 62, 72, 74, 105, 108, 109.
Mes dictées 105, 106.
Mon ami Maigret 75.
Monsieur La Souris 58.
Mort d'Auguste, La 66, 96.
Mort de Belle, La 77.

**N-O**

Nègre, Le 91, 91.
Noces de Poitiers, Les 67, 68.
Nolépitois, Les 94.
Nouvelles Enquêtes de Maigret 60.
Nouvelles exotiques 60.
Novembre 101.
Nox l'insaisissable 30, 30.
Nuit du carrefour, La 41, 42, 42, 43, 58.
Ombre chinoise, L' 42.
Oncle Charles s'est enfermé 61, 66.
Ours en peluche, L' 92, 93.
Outlaw, L' 16, 60.

**P**

Passage de la ligne, Le 91.
Passager clandestin, Le 49, 74.
Passager du «Polarlys», Le 39, 58.
Pedigree 62, 62, 63, 63, 65, 65, 66, 79.
Pendu de Saint-Pholien, Le 40, 40, 41, 41, 63, 82.
Petit Homme d'Arkhangelsk, Le 84.
Petit Saint, Le 94, 95.
Pietr-le-Letton 40, 41, 63, 82.
Pitard, Les 51.
Port des Brumes, Le 48.
Porte, La 92, 92.
Première Enquête de

*Maigret, La* 75, 75.
*Président, Le* 51, 93, 93.
*Prison, La* 93, 97.

**Q-R-S-T**

*Quand j'étais vieux* 69, 92.
*Quartier nègre* 47, 49, 57.
*Quatre Jours du pauvre homme, Les* 75.
*Relais d'Alsace, Le* 42.
*Rescapés de Télémaque, Les* 57.
*Ridicules, Les* 21.
*Roman d'une dactylo, Le* 26.

*Scrupules de Maigret, Les* 91, 100.
*Signé Picpus* 38, 63, 100.
*Sœurs Lacroix, Les* 58, 66.
*Suicidés, Les* 50, 68.
*Tante Jeanne* 66, 77.
*Témoins, Les* 59, 83.
*Testament Donadieu, Le* 57, 59.
*Tête d'un homme, La* 30, 41, 43, 45, 59.
*Touriste de bananes* 49, 58.
*Train de nuit* 35, 38.
*Train, Le* 92, 92.

*Trois Chambres à Manhattan* 72, 73.
*Trois Crimes de mes amis, Les* 58.

**U-V**

*Un échec de Maigret* 84, 85.
*Un falzar chez la colonelle* 26.
*Un homme comme un autre* 55, 109, 111.
*Un nouveau dans la ville* 76.
*Une confidence de Maigret* 82, 91, 100.

*Une ombre dans la nuit* 38.
*Vacances de Maigret, Les* 74.
*Vérité sur Bébé Donge, La* 62.
*Victor* 100, 101.
*Volets verts, Les* 76, 93.
*Voleur de Maigret, Le* 97, 97.
*Voyageur de la Toussaint, Le* 59, 62.

## CRÉDITS PHOTOGRAPHIQUES

Les documents iconographiques reproduits dans cet ouvrage proviennent des collections du Fonds Simenon de l'Université de Liège, à l'exception de : Collection Claude Menguy 16h. Collection Gallimard 66h, 82h. Archives Mylène Demongeot-Simenon 20b, 24h, 24h, 55b. Collection Viollet 62b, 79b, 93h, 94d. Keystone 6, 8, 101hg. Kharbine Tapabor 26hg, 34md, 34m, 35h, 35m, 35d, 41h, 48b, 57, 58-59, 58b, 76h, 100hg. Magnum/René Burri 109d. Mission du patrimoine photographique/Raymond Voinquel, Paris 46. Opale/Pierre Vals 70, 113. Paris-Match/E. Quinn 4h, 85bd, 90h. Paris-Match/Habans 98-99. Paris-Match/Jeannelle 104. Paris-Match/Pierre Vals 1er plat de couv. Paris-Match/Habans 11. Paul Buisson 80. Photos Douze 87. Rapho/Doisneau 92. Rapho/Pepe Dimiz 112. Rapho/Goursat 56g. Rapho/R. Doisneau 92, 95. Roger-Viollet 64b. Rue des Archives 78-79. Sergio del Grande, Epoca 96. © ADAGP/Paul Colin 32h, 33b. © Estate of Georges Simenon pour les photographies prises par Simenon 52-53, 102-103.

## REMERCIEMENTS

L'auteur remercie Madame Christine Swings-Deliège, Messieurs Alain Bertrand, Michel Carly et Claude Menguy. L'éditeur remercie à son tour Madame Christine Swings-Deliège, Monsieur Claude Menguy, ainsi que Jean-Pierre Dauphin, Alban Cerisier, Dominique Jochaud et Isabelle Flamigni. Il est particulièrement reconnaissant à John Simenon pour son soutien.

## ÉDITION ET FABRICATION

**DÉCOUVERTES GALLIMARD**
COLLECTION CONÇUE par Pierre Marchand. DIRECTION Élisabeth de Farcy.
COORDINATION ÉDITORIALE Anne Lemaire.
GRAPHISME Alain Gouessant.
COORDINATION ICONOGRAPHIQUE Isabelle de Latour.
SUIVI DE PRODUCTION Fabienne Brifault-Dandé.
SUIVI DE PARTENARIAT Madeleine Gonçalves.
PROMOTION & PRESSE Flora Joly et Pierre Gestède.

**SIMENON, ÉCRIRE L'HOMME**
ÉDITION et ICONOGRAPHIE Caroline Larroche.
MAQUETTE ET MONTAGE Pascale Comte.
LECTURE-CORRECTION Emmanuel de Saint-Martin et Jocelyne Marziou.
PHOTOGRAVURE Graphic Productions, Chambéry.

Michel Lemoine, professeur honoraire, est spécialiste de l'écrivain liégeois. Il a notamment dirigé jusqu'en 1999 la revue *Traces* (Travaux du Centre d'études Georges Simenon de l'université de Liège), devenue au fil du temps un véritable carrefour des études simenoniennes. Outre sa collaboration à *L'Univers de Simenon* (Presses de la Cité, 1983), on lui doit un monumental *Index des personnages de Georges Simenon* (Labor, 1985), *L'Autre Univers de Simenon* (CLPCF, 1991), *Le Liège de Simenon en cartes postales d'époque* (CÉFAL, 1993), *Paris chez Simenon* (Encrage, 2000), *Liège couleur Simenon* (CÉFAL et Centre d'études Georges Simenon, 2002) et *Les Chemins belges de Simenon* (en collaboration avec Michel Carly ; Liège, CÉFAL, 2003). Il prépare actuellement deux autres ouvrages sur le romancier, *Lumières sur le Simenon de l'aube* et *La France de Simenon*, ainsi qu'un essai sur les sites simenoniens (en collaboration avec Claude Menguy).

*À Marie-France Léonard.*

*1er dépôt légal: janvier 2003
Dépôt légal : février 2003
Numéro d'édition : 123479
ISBN : 2-07-076696-9
Imprimé en France
à l'Imprimerie Moderne de l'Est
Numéro d'impression : 16562*